本书出版受到了教育部人文社会科学研究青年基金项目《我国私人消费不足[illegible]破路径：基于政府支出的视角》（项目批准号：12YJC790187）、2012 年度江苏省高校“青蓝工程”优秀青年骨干教师培养对象等项目的资助

我国私人消费不足困境的形成机理研究：基于政府支出的视角

王明成　著

东南大学出版社
SOUTHEAST UNIVERSITY PRESS
·南京·

图书在版编目(CIP)数据

我国私人消费不足困境的形成机理研究：基于政府支出的视角 / 王明成著. — 南京：东南大学出版社，2016.11

ISBN 978-7-5641-6841-4

Ⅰ.①我… Ⅱ.①王… Ⅲ.①消费—研究—中国 Ⅳ.①F126.1

中国版本图书馆 CIP 数据核字(2016)第 268431 号

我国私人消费不足困境的形成机理研究：基于政府支出的视角

出版发行	东南大学出版社
社　　址	南京市四牌楼 2 号(邮编:210096)
出 版 人	江建中
责任编辑	唐　允
经　　销	全国各地新华书店
印　　刷	虎彩印艺股份有限公司
开　　本	700mm×1000mm　1/16
印　　张	11
字　　数	263 千字
版　　次	2016 年 11 月第 1 版
印　　次	2016 年 11 月第 1 次印刷
书　　号	ISBN　978-7-5641-6841-4
定　　价	28.00 元

PREFACE 前　言

改革开放以来，我国经济增长取得了举世瞩目的发展成就，名义国内生产总值(GDP)从1978年的3 605.6亿元增加到2014年的636 463亿元，增长176倍。名义人均GDP从1978年的381元增加到2014年的46 652元，增长122倍。提高居民的福利水平是经济增长的最终目的，消费是居民福利实现的最终途径。然而我国私人消费的增长水平却滞后于宏观经济的增长绩效，从宏观上来看，私人消费率不仅滞后于经济发展阶段，而且与国际的平均水平、发达国家同阶段的水平以及经典理论给出的参考值相比都有较大的差距；从微观上来看，“上学难”“看病难”和“养老难”等和居民消费紧密相关的公共产品的供求仍没有实现均衡。政府主导是我国经济社会发展的重要特征，同时家庭通过选择私人产品和消费性公共产品实现效用最大化。政府通过制定政策影响经济增长模式、经济增长成果的分配以及公共产品的供给，这表明政府是经济增长和居民福利之间重要的影响变量。

基于以上事实，本书以政府支出为研究视角，研究我国私人消费不足困境的形成机理。理性人会对激励作出反应，本书以“激励结构——政府支出结构、效率与经济增长方式选择——居民收入增长和预防性储蓄——私人消费不足困境”为逻辑主线，主要研究政府支出对私人消费的作用机制、政府支出对私人消费的非线性效应及影响因素、财政分权对政府支出结构选择、政府支出的经济增长效应的影响因素以及我国居民收入的影响因素等问题，以期明确我国私人消费不足困境的形成机理、制约因素，进而构建我国私人消费不足困境的突破路径。本书的研究思路如下：

第一，以统计数据为基础，对私人消费和政府支出的表现、特征以及结构变化进行描述性统计分析，归纳我国私人消费不足困境的特点，提出本书研究的问题。

第二，借鉴 Aschauer(1985)和 Barro(1990)的思想，将政府支出分为生产性支出和消费性支出，从非线性的视角建立模型阐述政府支出对私人消费的作用机制，对这种非线性机制的演化规律及演化的影响因素进行实证检验，建立本书研究的参照系。

第三，借鉴公共选择理论中政府是经济人的思想，厘清财政分权对政府支出结构、方式和效率以及经济发展模式的影响，分析政府支出导致我国私人消费不足困境的传导机制与传导链条，为从变革政府激励结构、促进经济增长方式转型的角度突破私人消费不足的困境提供理论基础。

第四，分别对生产性支出与居民收入的关系、政府支出促进经济增长效率及其影响因素进行评价和实证检验，为从优化政府支出的内部结构，提高政府支出效率的角度突破私人消费不足的困境提供理论基础。

第五，从变革政绩考核体系、通过制度设计推进政府支出向公共财政转型、通过经济增长方式转型和产业升级提高政府生产性支出对居民收入的贡献度等角度进行政策设计，构建我国突破私人消费不足的困境的路径。

本书遵循上述研究思路，采用规范分析与实证分析相结合、定量与定性分析相结合的方法对我国私人消费不足困境的形成机理等问题展开研究，得到的结论如下：

第一，政府支出通过收入效应和替代效应影响私人消费。当生产性支出所占份额处于较低水平时，收入效应大于替代效应，私人消费是政府支出的增函数；当生产性支出份额达到最优后，替代效应大于收入效应，私人消费是政府支出的减函数。在政府支出规模未达到最优规模之前，政府支出和私人消费呈互补关系；达到最优规模之后，两者呈替代关系。

第二，政府支出对私人消费的非线性效应受政府融资规模、政府支出结构、经济发展水平和基础设施完善程度等变量影响。随着融资规模的增加，政府支出对私人消费的挤入效应呈现递增趋势。随着生产性支出份额的增加，政府支出对私人消费的挤入效应单调下降。随着经济发展水平的提高，生产性支出对私人消费的挤入效应递增。随着基础设施的不断完善，生产性支出对私人消费的影响从不显著的挤出效应逐步转换为显著的挤入效应。

第三，中国式分权给各级政府设置了“以 GDP 增长为中心”的目标，生产性支出具有单调的经济增长效应。生产性支出份额以及政府支出结构偏离合意水平与财政分权正相关，在考虑财政分权与政府竞争交互效应的条件下，财政分权和政府竞争对生产性支出所占份额以及政府支出结构偏离合意水平的边际效应都大于0。地方政府的这种支出偏好是为了更好地发挥外商直接投资(FDI)和国际贸易的增长效应。但以FDI和国际贸易为主要载体的国际技术扩散通过对自主研发能力的锁定效应和挤出效应弱化了自主研发能力对全要素生产率(TFP)的正面影响,这种效应与其存量正相关。出口的"贫困化增长"导致居民可支配收入增速滞后于GDP增速。生产性支出的增加导致消费性公共产品供给不足。供给不足和需求的刚性,居民只能通过减少私人消费为消费性公共产品融资。由于生产性支出带来的收入增幅小于居民应对消费性公共产品供给冲击所需的预防性储蓄的增幅,导致我国私人消费不足,并且私人消费率不断下降。

第四,居民工资与人力资本投资水平、产品的边际收益以及私人资本存量正相关,与公共资本投资水平的关系不稳定且不显著。公共资本通过与产品边际收益的交互效应影响居民工资,在考虑公共资本投资与产品边际收益交互效应的条件下,公共资本投资对居民工资具有促进作用。

第五,政府支出促进经济增长的效率分解为:配置效率、公共产品的投入—产出效率和公共产品对经济增长贡献的效率。我国各省政府支出效率呈现多峰分布,各省的政府支出效率在不同水平上呈现集聚,表现出"俱乐部效应"。中国式分权导致分权的信息优势失灵以及政府支出结构失衡,财政分权程度与政府支出效率负相关。政府支出效率与工业化程度、人口密度、市场化程度以及政府治理水平正相关,与开放程度负相关,而与政府支出规模的关系不显著。

第六,突破我国私人消费不足的困境可以从优化地方政府所面临的激励机制,强化地方政府促进私人消费增长的动机;完善社会保障制度,降低居民预防性储蓄;通过减税和调整政府支出结构,提升政府支出效率;发挥FDI和出口的知识外溢效应和杠杆效应,提升经济增长质量;构建多重措施促进居民收入增长,强化居民分享经济发展成果等角度入手。

本书是在博士论文的基础之上完善、拓展而形成的。南京大学三年的博士求学经历,让我深深地体验到了南大深厚的历史文化底蕴、严谨的治学作风、浓厚的学术氛围,这些必将成为我人生的宝贵财富。在本书即将完成之际,我首先要感谢我的导师梁东黎教授。梁老师独立的人格、对经济学的专注与执着、独到的学术见解、敏锐的观察力以及严谨的治学态度,无论是对于我博士论文的完成,还是本书的写作,乃至今后的学术生涯都将具有非常深远的帮助和影响。同时，我还要感谢诸位好友、同事，他们让我感受到了朋友间的帮助和关怀，从他们身上我学到了很多终身受益的东西。最后，我要感谢家人的理解和支持，感谢他们始终给我生活上的关怀、精神上的鼓励。

限于作者的学识，错误和不足之处在所难免，敬请读者批评指正。

王明成

2015 年 12 月

CONTENTS 目　录

第一章 绪论

1.1 研究背景及意义

改革开放以来，我国经济增长迅速，GDP 从 1978 年的 3 605.6 亿元增加到 2014 年的 636 463 亿元，人均 GDP 从 1978 年的 381 元增加到 2014 年的 46 652 元。从我国 GDP 的构成来看，投资所占 GDP 的比重逐年增加，而私人消费所占比重却逐年下降，净出口所占比重在 2007 年达到最高值之后也逐年下降。伴随着全球金融危机的深化和扩张，外部市场的不确定性会进一步增强。在这种条件下，通过扩大私人消费为我国经济增长提供稳定和可持续的增长源泉就显得尤为必要。

伴随着经济增长，我国出现了很多独特的现象：GDP 的高增长率和不断下滑的私人消费率并存，不断下降的私人消费率与政府支出规模的稳步提升并存，高地方经济发展程度和低私人消费率并存，政府高生产性支出与低私人消费率并存，“上学难”“看病难”等消费性公共产品供给缺失与我国基础设施水平的迅速发展并存。为什么这些独特的现象会存在？这些现象彼此之间有怎样的联系？如何让这些独特的现象回归正常？

包容性增长将成为未来我国发展的新理念，包容性增长认为增长需集中于能创造出生产性就业岗位、能确保机遇平等的社会包容性以及能减少风险，并能给最弱势群体带来缓冲的社会安全网。扩大私人消费，促进私人消费与 GDP 的良性互动、协同增长，既是居民分享经济增长成果的最好方式，也是实现包容性增长的现实要求。

政府主导是我国经济增长模式的重要特征，财政收入和财政支出增长迅速，财政收入从1978年的1 132.26亿元，增加到2013年的129 209.64亿元，增加了114.12倍；财政支出从1978年的1 122.09亿元，增加到2013年的140 212.10亿元，增加了124.96倍。截至2013年，财政收入和财政支出占GDP的比重分别为22.82%和24.77%。与此同时，伴随着我国财政分权改革的逐步深入，地方财政支出占总财政支出的比重从1978年的52.6%增加到2013年的85.4%。这意味着政府支出对经济增长和私人消费都具有很大的影响。

政府支出从功能上可以分为生产性支出和消费性支出（Aschauer，1985；Barro，1990）。其中，生产性支出指基础设施、研发投入、国防等用于提高私人资本边际产量的支出；消费性支出指教育、医疗以及养老等进入家庭效用函数的支出。从结构的角度看，政府支出通过何种机制影响私人消费？政府支出结构与我国私人消费不足的困境有何关系？政府支出结构的确定受何因素影响？

本书将整合现有文献从政府支出功能和支出结构的角度对上述问题进行研究，分析我国私人消费不足困境的形成机理，从“分权——政府支出偏好——私人消费”的角度分析私人消费的影响因素。这不仅可以丰富宏观经济学中的消费理论，深化政府与居民福利变化关系的理论研究，也为我国经济增长方式和增长理念转型提供理论指导。

1.2 研究问题：我国私人消费不足困境的特征描述

1.2.1 私人消费率随着经济增长而下降，滞后于经济发展水平

从图 1-1 可以发现，改革开放以来我国经济发展水平不断提高，然而与之相伴的是我国私人消费率的不断下降，经历了 1978 年至 1985 年的短暂上升之后，开始了长达 24 年的下降，期间虽有短暂的回升，但仍改变不了下降的趋势，特别是 2000 年以后步入了加速下跌的通道，私人消费率从 2000 年的 46.44%下降至 2013 年的 37.30%。依据世界银行发展指标数据库的统计，1978—2008 年全世界年均私人消费率为60.6%，其中发达国家和发展中国家的年均私人消费率分别为 60.5%和 60.3%，Chenery(1975)也指出人均 GDP 在 1 000 美元以上时私人消费率为 62%，而表 1-1 的数据表明 2008 年我国的私人消费率与我国相对应的收入群组国家和地理相似国家的私人消费率水平仍存在差距。因此，不论与世界的平均水平、经典理论的参照值以及发展水平和文化背景相似的国家相比，我国都存在私人消费不足的现象。

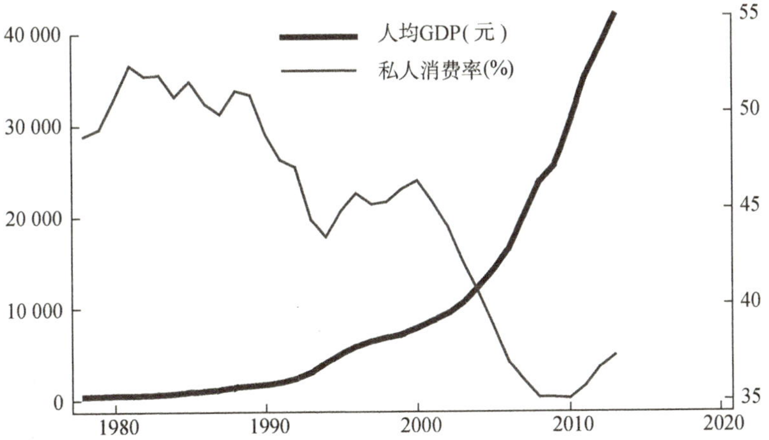

图 1-1 中国人均 GDP 与私人消费率演化关系图

数据来源：中国统计年鉴 2014

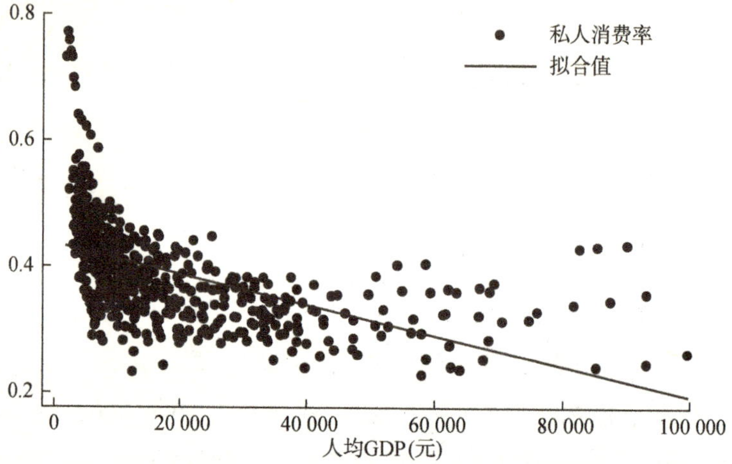

图 1-2　各省份人均 GDP 与私人消费率关系散点图

数据来源：中国统计 60 年、中国统计年鉴(2010—2014)

表 1-1　不同收入水平国家的私人消费率的比较

	私人消费率	
收入水平时间	1995 年	2008 年
低收入国家	77%	76%
中低收入国家	60%	56%
中等收入国家	60%	55%
其中：		
东亚及太平洋地区	47%	42%
欧洲和中亚	61%	59%
高收入国家	61%	62%
其中：欧洲国家	57%	57%

数据来源：世界发展指数(World Development Indicator，2010)

从图 1-2 可以看出，我国各省份的私人消费率与该地区的经济发展程度呈负相关。图 1-3 表明，1980 年以来我国各省份经济发展程度不断提高，人均 GDP 的中位数、均值逐年提高，分别由 1980 年的 406 元和 557.06 元，到 1990 年的 1 542 元和 1 867.88 元，到 2000 年的 6 397.71 元和 8 693.91 元，而到 2013 年则变为 39 068元和 48 468.79 元；与此同时，地区之间的差距也在扩大，1980 年、1990 年、2000 年以及 2013 年人均 GDP 的标准差分别为 509.17 元、1 127.02 元、6 030.28 元和21 276.32 元。图 1-4 表明,伴随着我国各地区的经济发展,私人消费率呈现下降的趋势。私人消费率的中位数、均值逐年下降,分别由 1980 年的 59.42%和 58.27%,到 1990 年的 52.86%和 50.36%,到 2000 年的 41.79% 和 43.35%,而到 2013 年则变为 34.41%和 34.26%;与此同时,地区之间的差距却在逐渐缩小,1980 年、1990 年、2000 年以及 2013 年私人消费率的标准差分别为 0.142 6、0.080 5、0.081 9 和 0.049 3。

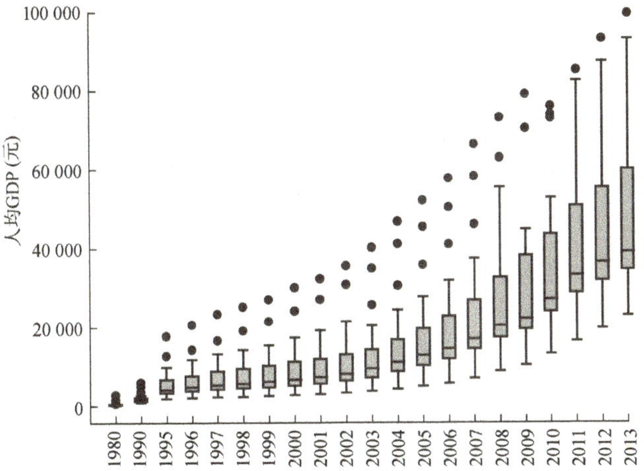

图 1-3 各省份人均 GDP 整体分布变化趋势图

数据来源:中国统计年鉴(1996—2014)

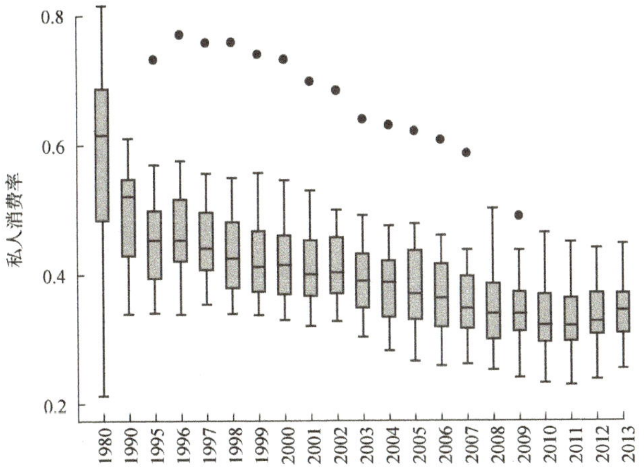

图 1-4 各省份私人消费率整体分布变化趋势图

数据来源:中国统计年鉴(1996—2014)

1.2.2 政府支出结构与居民的需求结构匹配程度不高

由图 1-5 和图 1-6 可以发现，1990 年以来居民的消费结构发生了如下的变化：第一，食品和衣着类消费在总消费中所占的份额明显下降。城镇居民分别由 1990 年的45.76%和 11.27%，下降至 2013 年的 21.36%和 6.44%。农村居民分别由 1990 年的 58.80%和 7.77%，下降至 2013 年的 37.66%和 6.62%。

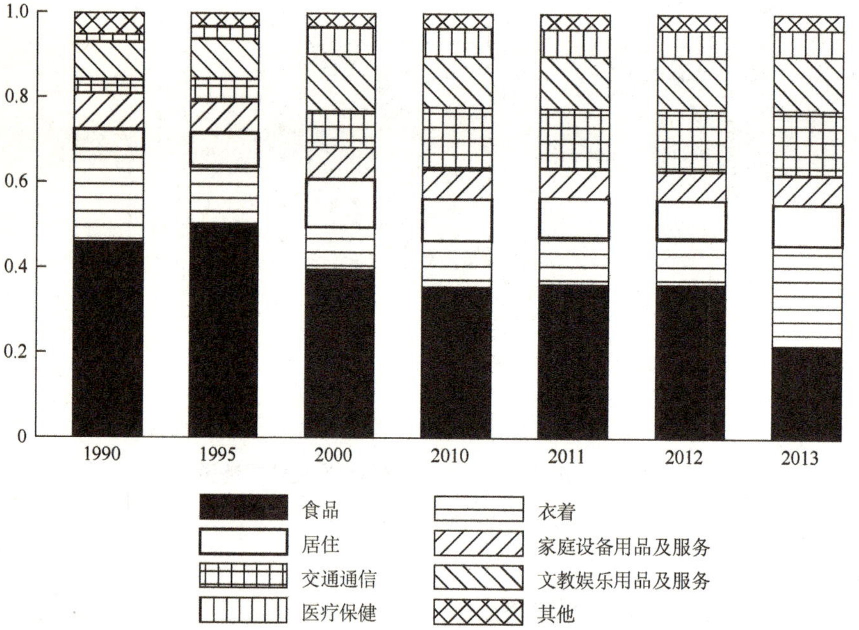

图 1-5 城镇居民消费结构变化示意图

数据来源：中国统计年鉴（1990—2014）

第二，教育文化娱乐服务、医疗保健类、居住和交通通信类消费在总消费中所占的份额有所增加。其中，城镇居民的教育文化娱乐服务消费在总消费中所占的份额由 1990 年的 11.12%，增加至 2013 年的 12.7%；农村居民则由 1990 年的 5.37%，增加至 2013 年的 7.33%。城镇居民的医疗保健类消费所占的份额由 1990 年的 2.0%，增加至 2013 年的 6.2%；农村居民则由 1990 年的 3.25%，增加至 2013 年的9.27%。城镇居民的交通通信类消费所占的份额由 1990 年的 3.2%，增加至 2013 年的 15.2%；农村居民则由 1990 年的 1.44%，增加至 2013 年的

12.01%。城镇居民的居住类消费所占的份额由 1990 年的4.8%,增加至 2013 年的 9.7%;农村居民则由 1990 年的 17.34%,增加至 2013 年的 18.62%。

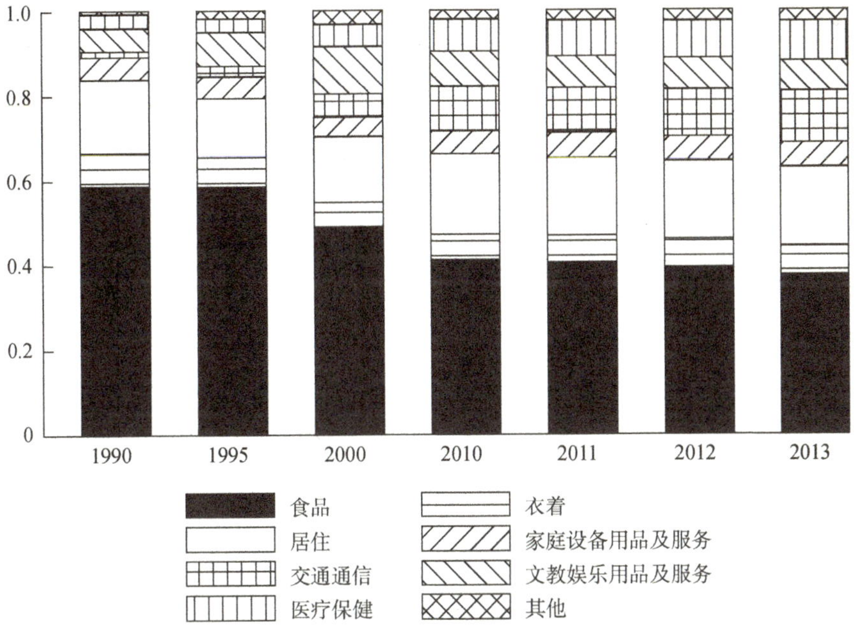

图 1-6 农村居民消费结构变化示意图

数据来源:中国统计年鉴(1990—2014)

我国居民消费结构的变化表明居民的消费模式正由“温饱型”向“发展型”转变,同时,伴随着我国市场经济体制改革的逐步深入,企业在教育、医疗以及养老等社会保障方面所承担的功能也逐步转向由政府、企业和居民共同承担,这两方面的变化都表明居民对教育、医疗等消费性公共产品的偏好程度较高。但是,我国财政分权的激励效应以及制度设计等方面的缺失导致我国消费性公共产品供给不足,如表 1-2 所示,政府在教育领域投入占 GDP 的比重一直都在 2%左右徘徊,远低于 4%的国际公认水平。而政府在卫生领域投入占 GDP 的比重则在 1%左右。因此,我国政府支出的结构与居民真实的需求偏好匹配程度不高,政府支出的结构有待进一步优化。

表 1-2　政府医疗、教育投入占 GDP 份额

时间(年)	预算内教育投入占 GDP 份额(%)	政府卫生投入占 GDP 份额(%)
1992	2.00	0.85
1993	1.82	0.77
1994	1.83	0.71
1995	1.69	0.64
1996	1.70	0.65
1997	1.72	0.66
1998	1.85	0.70
1999	2.02	0.71
2000	2.10	0.72
2001	2.35	0.73
2002	2.59	0.75
2003	2.54	0.82
2004	2.52	0.81
2005	2.52	0.84
2006	2.68	0.82
2007	2.88	0.97
2008	3.08	1.14
2009	3.06	1.17
2010	3.13	1.20
2011	3.49	1.36
2012	4.09	1.39
2013	3.87	1.46

数据来源：中国统计年鉴(1990—2014)

1.2.3　收入增速滞后于 GDP 和储蓄的增速

通过表 1-3，我们可以得到如下结论：第一，我国 GDP 名义增长率高于人均 GDP 名义增长率，之所以出现这种现象是因为我国人口基数大，我国的人口增长摊低了 GDP 的增长绩效。第二，除了 1980 年、1990 年、1994 年、1999 年、2002 年、2009 年、2012 年和 2013 年之外，人均 GDP 名义增长率都快于城镇居民可支配收入名义增长率。除了 1980 年、1985 年、1995 年、1996 年、1997 年、2004 年、2008

年、2010 年、2011 年、2012 年和 2013 年之外，城镇居民人均可支配收入名义增长率都快于农村居民人均纯收入名义增长率。这表明 1980—2013 年我国居民没有充分享受到经济发展的成果，并且城镇和农村居民之间的收入差距逐步扩大。由于居民的边际消费倾向随着收入的增加而递减，所以城乡之间收入差距的扩大不利于城乡总体消费的扩张。第三，除了 2000 年、2007 年、2011 年和 2013 年之外，居民人均储蓄名义增长率都快于城镇和农村居民的人均收入的增长率。在收入增长滞后于经济增长的条件下，加上储蓄的“过度增长”，必然导致私人消费增长滞后。

表 1-3 城乡居民收入、储蓄增长率

时间(年)	GDP 名义增长率	人均 GDP 名义增长率	城镇居民人均可支配收入名义增长率	农村居民人均纯收入名义增长率	人均储蓄名义增长率
1980	0.247 0	0.215 2	0.390 8	0.431 9	0.831 1
1985	0.983 5	0.851 7	0.547 5	1.078 4	2.852 9
1990	1.070 5	0.916 5	1.043 3	0.726 1	3.031 7
1991	0.166 8	0.151 3	0.126 1	0.032 5	0.281 6
1992	0.236 1	0.221 0	0.191 7	0.106 4	0.256 7
1993	0.312 4	0.297 4	0.271 8	0.175 5	0.277 8
1994	0.364 1	0.348 7	0.356 5	0.324 9	0.400 0
1995	0.261 3	0.247 7	0.225 0	0.292 1	0.363 7
1996	0.170 8	0.158 6	0.129 8	0.220 8	0.285 9
1997	0.109 5	0.098 2	0.066 4	0.085 1	0.189 8
1998	0.068 7	0.058 5	0.051 3	0.034 4	0.142 9
1999	0.062 5	0.053 3	0.079 1	0.022 3	0.107 5
2000	0.106 4	0.097 7	0.072 8	0.019 5	0.071 3
2001	0.105 2	0.097 2	0.092 3	0.050 1	0.138 5
2002	0.097 4	0.090 0	0.122 9	0.046 1	0.170 9
2003	0.128 7	0.121 7	0.099 9	0.059 2	0.184 9
2004	0.177 1	0.170 1	0.112 1	0.119 8	0.146 7
2005	0.156 7	0.150 0	0.113 7	0.108 5	0.173 5
2006	0.169 7	0.163 2	0.120 7	0.102 0	0.139 5
2007	0.228 8	0.222 4	0.172 3	0.154 3	0.061 3
2008	0.181 5	0.175 4	0.144 7	0.149 8	0.257 1
2009	0.084 3	0.078 8	0.088 3	0.082 5	0.190 8

续表

时间(年)	GDP名义增长率	人均GDP名义增长率	城镇居民人均可支配收入名义增长率	农村居民人均纯收入名义增长率	人均储蓄名义增长率
2010	0.177 8	0.172 1	0.112 7	0.148 6	0.157 8
2011	0.178 3	0.172 7	0.141 3	0.178 8	0.127 6
2012	0.098 0	0.092 7	0.126 3	0.134 6	0.157 0
2013	0.095 1	0.089 7	0.097 3	0.123 7	0.114 8

数据来源：中国统计60年，中国统计年鉴2014

综上所述，我国私人消费不足，私人消费率滞后于经济发展阶段，与国际的平均水平、发达国家同阶段的水平以及经典理论给出的参考值相比具有较大的差距。收入的增长和储蓄的下降是消费增长的两大突破机制。如果考虑到消费率，则是收入增长的速度高于GDP增长的速度，而储蓄增长的速度落后于GDP增长的速度，这样才会导致私人消费率的增加。但目前这两种机制传导不畅，缺乏有效的突破机制，我国的私人消费陷入不断下降的自我强化循环中，我们称之为私人消费不足的困境。具体表现如下：

第一，我国现有投资驱动的经济增长模式，导致居民收入增幅滞后于GDP的增幅，私人消费率增长缺乏根本性的保证。在经济全球化的条件下，由于我国创新能力不足，生产要素成本特别是劳动力成本低是跨国公司选择我国作为投资目的地的重要因素。财政分权导致各地为了吸引FDI，税收竞争、财政支出竞争不断。究其竞争的实质，无外乎就是通过税收减免，压低土地、劳动力等要素价格来降低跨国公司的运营成本。FDI通过投资和出口促进当地GDP增长，却没有带来居民收入的有效增长，导致居民不能有效地分享经济增长的成果，私人消费与GDP增长的速度之差越来越大，私人消费率不断下降。

第二，财政分权的激励效应导致政府没有提高私人消费的激励，公共产品供给与需求匹配程度不高。财政分权激励政府实现短期GDP的增长最大化，为了实现这一目标，政府更愿意将支出配置在以基础设施为代表的生产性支出，这是因为生产性支出可以吸引更多的投资和出口，其经济增长效应更大；同时，消费性支出对经济增长更多的是长期效应，由此，政府形成了倾向生产性投资的偏好，导致公共产品供给的有效程度不高。

第三，消费性公共产品供给不足导致居民预防性储蓄过度增长。在政府支出规模既定的条件下，生产性支出过量供给必然导致消费性支出不足，而随着我国人口规模的增长以及人口结构的变化，居民对教育、医疗以及养老等消费性公共产品的需求必然增加。供给的减少和需求的增加，导致供给产品供给不足，这时居民只能通过买方竞争(即通过支付更高的价格)来保证合意的公共产品消费水平。中国社会科学院 2006 年公布的《2005 年：中国文化产业发展报告》显示，未来教育支出在城镇居民的储蓄目的中排名第二位。报告还指出，从 1990 年到 2005 年，我国城镇居民、农村居民对文化教育的支出分别提高了 4.4 和 7.3 个百分点，占家庭消费的比重分别达到 12.6%、11.2%①。2011 年，中国青少年研究中心家庭教育研究所对北京、哈尔滨、石家庄、银川、成都、西安、南京、广州 8 个城市的义务教育阶段家庭进行调查，结果显示当前城市家庭每年在子女教育方面支出的平均费用为 8 754.4 元，有 36.6%的家庭平均每年教育支出在 9 000 元以上，甚至有2.8%的家庭的教育支出超过 3 万元②。

① 参见 http://www.people.com.cn/GB/jiaoyu/1053/3183120.html. 相关内容。

② 参见 http://edu.qq.com/a/20120316/000006.html. 相关内容。

1.3 研究目标、研究思路与研究方法

1.3.1 研究目标

(1) 以财政分权为背景，从政府支出功能的视角建立理论模型，阐述政府支出对私人消费的作用机制，剖析我国私人消费不足困境的形成机理，为我国经济增长由投资驱动向消费驱动转型提供理论指导和政策依据。

(2) 对政府支出与私人消费的关系及作用机制进行实证检验，以验证关于政府支出与私人消费作用机制理论模型对我国现实的解释力。检验不同功能的政府支出与私人消费的关系、对私人消费的影响路径。

(3) 厘清政府在提高居民福利中的作用，政府不仅可以通过生产性支出提高居民收入，也可以通过消费性支出提供高质量的公共产品。本书将进一步明确政府发挥这两种作用时现存的不足及制约因素，从而更好地促进我国实现包容性增长的发展理念。

(4) 设计我国突破私人消费不足困境的路径。本书将从完善政绩考核体系、优化政府支出结构、提高生产性支出和消费性支出的效率等角度，构建我国私人消费内生增长的支撑体系，为我国经济的均衡、可持续增长奠定坚实基础。

1.3.2 研究思路

本书以“激励结构——政府支出结构、效率与经济增长方式选择——居民收入增长和预防性储蓄——私人消费不足的困境”为逻辑主线，基于家庭通过选择私人产品和消费性公共产品实现效用最大化以及政府支出依其功能的差异分为生产性支出和消费性支出两个事实，通过理论模型和实证检验，分析政府支出与私人消费的关系及作用机制，阐述我国私人消费不足困境的形成机理，最后设计出我国突破私人消费不足困境的路径。具体思路如下：

第一，以统计数据为基础，对私人消费和政府支出的表现、特征以及结构变化进行描述性统计分析，归纳我国私人消费不足困境的特点，提出本书研究的问题。

第二，借鉴 Aschauer(1985)和 Barro(1990)的思想，从生产性支出和消费性支出的角度，从非线性的视角建立模型，阐述政府支出对私人消费的作用机制，并对这种非线性机制的演化规律及演化的影响因素进行实证检验，建立本书研究的参照系。

第三，借鉴公共选择理论中政府是经济人的思想，厘清财政分权对政府支出结构、方式和效率以及经济发展模式选择的影响，分析政府支出导致我国私人消费不足困境的传导机制与传导链条，为从变革政府激励结构、促进经济增长方式转型的角度突破私人消费不足的困境提供理论基础。

第四，分别对生产性支出与居民收入的关系、政府支出促进经济增长效率及其影响因素进行评价和实证检验，为通过优化政府支出结构，提高政府支出的效率突破私人消费不足的困境提供理论基础。

第五，从变革政绩考核体系、通过制度设计推进政府支出向公共财政转型、通过经济增长方式转型和产业升级提高政府生产性支出对居民收入的贡献度等角度进行政策设计，构建我国突破私人消费不足困境的路径。

1.3.3 研究方法

为了更好地考察财政竞争、政府支出偏好和私人消费之间的关系，本书既注重理论分析，也注重实证分析，依据研究内容和不同阶段选择适宜的方法和途径，使定性分析与定量分析、逻辑演绎与经验归纳能够有效结合。本书所采用的主要研究方法如下：

1）规范分析与实证分析相结合

首先，运用实证分析法客观描述政府支出对私人消费的作用机制、财政分权对政府支出偏好的影响以及我国私人消费不足困境的形成机理，并进行计量检验。然后，运用规范分析法设计我国突破私人消费不足困境的路径。

2）定量与定性分析相结合

定性分析主要采用以下方法：第一，文献分析法。第二章运用文献分析法对我国高储蓄率成因、政府支出与私人消费关系以及中国式分权、政府激励与财政竞争等与本书相关的文献进行回顾、分析，厘清现有文献的研究思路、研究方法以及研究结论，并对现有文献进行评价，以为本书的写作提供基础。第二，模型分析法。第三章运用动态一般均衡的分析法，在 Barro（1990）、Chen（2006）的基础上，分析政府支出结构对私人消费的作用机制，结合我国的现实情况阐述我国增长与消费背离现象产生的原因。

定量分析主要采用以下方法：第一，描述性统计分析法。运用现代统计学中的描述性统计方法对我国私人消费和政府支出的特征、演化趋势及一些相关变量进行分析。第二，计量模型分析法。运用面板数据中的固定效应模型（Fixed Effects Model）对财政分权、政府支出与私人消费的关系进行实证检验；运用门限回归分析法对政府支出通过非线性效应影响私人消费的演化规律和影响因素进行实证检验；运用随机效率前沿分析法（SFA）测算我国省际 TFP，并运用固定效应模型分析国际技术扩散对 TFP 的影响；运用视窗分析法（Windows Analysis）测算政府支出促进经济增长的效率；运用固定效应模式对政府支出与居民收入的关系进行实证检验。

1.4 主要内容

本书将从政府支出偏好的角度，考察政府支出与我国私人消费之间的关系。首先，在政府支出偏好既定的条件下，运用动态一般均衡分析方法剖析政府支出对私人消费的影响机制，比较不同政府支出偏好对私人消费的影响；其次，从财政竞争的角度探求我国地方政府支出偏好和目前经济发展模式的成因，并对关键性的假说及传导机制进行实证检验；最后，为实现经济消费的良性互动提供政策建议。除第一章之外的具体内容如下：

第二章文献综述。本章主要是分类梳理与本书相关的文献，对现有文献进行评价，以进一步明晰本书的研究视角、研究工具和研究方法。本书所涉及的相关文献主要包括我国私人消费不足、政府支出与私人消费关系和财政分权与政府行为等领域。其中，第一部分文献是本书研究的逻辑起点，通过对该领域的文献进行回顾，可以让本书寻求更好的切入点以分析我国私人消费不足困境的形成机理；第二部分主要对政府支出与私人消费关系的理论和实证研究进行综述，这是对第一部分文献研究的细化，通过对该领域的文献进行回顾，明确现有文献对于政府支出与私人消费之间关系的界定、研究的理论基础和实证检验的方法；第三部分主要对中国式分权、政府激励与财政竞争等领域的文献进行回顾，通过对该领域的文献进行回顾，厘清现有文献对我国地方政府所面临的激励、地方政府在这种激励下所采取的策略等问题进行的理论分析以及实证检验。

第三章政府支出对私人消费的影响机制研究。本章在 Barro（1990）的基础上，首先分析影响平衡增长率的因素，然后比较追求增长率最大化的政府和追求代表性家庭效用最大的政府，政府支出规模及结构的变化以及这种变化对私人消费的影响。我们认为政府支出通过收入效应和替代效应来影响私人消费。其中，收入效应是指政府通过生产性支出促进经济增长，提高居民的可支配收入，进而增加私人消费；替代效应是指政府通过消费性支出扩大消费性公共产品的供给，这可以降低居民在消费性公共产品和预防性储蓄等方面的支出，进而提高私人消费。因此，我国私人消费不足实质上是政府支出结构扭曲的结果，是收入效应和替代效应相互作用的结果，是由于我国政府生产性支出过高，导致我国公共产品供给严重不足，生产性支出促进了经济增长，却没有带来居民可支配收入相应增长所造成的。本章将利用我国的省际面板数据，运用固定效应模型对政府支出规模、生产性支出份额和财政分权等核心变量与私人消费的关系进行实证检验，对政府支出与私人消费的非线性关系进行实证检验。

第四章政府支出对私人消费非线性效应的实证检验。本章以1995—2012年的省际面板数据为样本，运用门限回归法分别识别政府支出和生产性支出对私人消费的非线性效应的门限变量及门限值，描述门限变量处于不同区间时政府支出和生产性支出对私人消费非线性效应的表现形态。

第五章财政分权与政府支出结构关系的实证分析。本章首先对生产性支出份额和消费性支出份额与财政分权的关系分别进行实证检验，然后对财政分权与政府支出结构对合意水平的偏离程度进行实证检验，最后对政府支出结构偏离的原因进行解释。

第六章国际技术扩散与经济增长质量关系的实证检验：基于TFP的视角。本章以TFP来衡量经济增长质量，以知识生产为切入点，以知识创造、知识吸收和知识应用为逻辑主线，从自主研发、吸收能力、技术差距等方面对国际技术扩散制约TFP增长的作用机制进行理论分析和实证检验。

第七章经济增长视野下政府支出效率影响因素的实证检验。本章将政府支出效率的外延从公共产品的供给效率拓展至促进经济增长的效率，运用数据包络分析（DEA）中的视窗分析法评价政府支出效率，运用受限的Tobit模型对影响政府支出效率的因素进行实证检验。

第八章政府支出与城镇居民工资关系的实证检验。收入是影响私人消费的核心变量，提高居民的可支配收入是我国突破私人消费不足困境的重要立足点。因此，对政府生产性支出与居民可支配收入的关系进行实证检验，具有十分重要的意义。本章将利用我国的省际面板数据回答政府支出中哪种类型的支出对居民可支配收入的边际贡献更大、特定的生产性支出在何种经济条件下的作用更有效等问题，这些问题对于提高政府支出对私人消费的促进效率具有重要的现实意义。

第九章我国私人消费不足困境的突破路径。本章从如何进一步协调政府支出与私人消费之间的关系，构建居民共享经济增长成果机制等角度，设计有效突破私人消费不足困境的路径。

1.5 可能的创新之处

与现有关于私人消费不足的文献相比，本书的创新点主要体现在以下几个方面：

第一，研究视角的创新。现有文献大多或从收入、或从储蓄的角度分析私人消费不足的成因，本书将以财政分权为背景，从政府支出的角度，在现有文献的基础之上进一步分析我国收入、消费现存问题的成因，探寻我国私人消费不足困境的形成机理。

第二，关于政府支出对私人消费作用机制的分析。政府支出按其功能差异分为生产性支出和消费性支出，其中生产性支出指进入企业生产函数，用于提高私人资本边际产量的支出，比如基础设施建设、研发投入等；消费性支出指进入家庭效用函数的支出，比如教育、医疗等领域的支出。政府支出通过收入效应和替代效应影响私人消费。其中，收入效应指生产性支出提高私人资本的边际产量，提高居民可支配收入，增加私人消费。替代效应指政府通加消费性公共产品的供给，降低居民在公共产品方面的支出，增加私人消费。

第三，关于政府支出与私人消费的关系。本书发现，政府支出规模与私人消费之间呈显著的倒“U”形关系。在政府支出规模未达到最优规模之前，政府支出和私人消费呈互补关系；达到最优规模之后，两者呈替代关系。随着融资规模的增加，政府支出对私人消费的挤入效应呈现递增的趋势。随着生产性支出份额的增加，政府支出对私人消费的挤入效应呈现单调下降的趋势。随着经济发展水平的提高，生产性支出对私人消费的挤入效应呈现递增的趋势。基础设施是政府支出促进经济增长的重要手段，随着基础设施的不断完善，生产性支出对私人消费的影响从不显著的挤出效应逐步转换为显著的挤入效应。

第二章

文献综述

2.1 我国私人消费不足的文献回顾

2.1.1 消费影响因素的理论研究

1）绝对收入和相对收入假说

凯恩斯提出绝对收入假说。该假说认为：在短期内消费取决于收入，消费支出是现期绝对收入的稳定函数；边际消费倾向大于 0 小于 1；边际消费倾向是收入的减函数。

Duesenberry(1949)提出了相对收入假说。该假说认为消费具有示范性和不可逆性。

2）生命周期假说和持久收入假说

Modigliani(1954)提出了生命周期假说。生命周期假说认为消费者是理性的，根据效用最大化的原则来使用一生的收入、消费与储蓄，使一生中的收入等于消费。消费不是取决于现期收入，而是取决于一生的收入。生命周期假说的消费函数为：$C=a\times WR+c\times YL$，其中 WR 是财产收入，a 是财产收入的边际消费倾向，YL 是劳动收入，c 是劳动收入中的边际消费倾向。

Friedman(1957)提出了持久收入假说。他认为：人们的收入分为暂时收入和持久收入，只有持久收入才能影响人们的消费。因此，持久收入假说的消费函数为：$C=c\times YP$，其中 C 为消费，YP 为持久收入水平，c 为边际消费倾向。Friedman

(1957)认为某期的持久收入水平，是在过去的持久收入水平的基础上形成的，当期实际收入的变化也会影响这种持久收入水平，人们根据过去的持久收入水平与现期的收入水平来估算持久收入水平。

生命周期假说和持久收入假说虽然自提出以来一直是研究消费和储蓄问题的基础，但由于其严格的假设条件，在实证分析中往往与实际不符(Campbell & Mankiw, 1987; West, 1988; DeJuan et al, 2006)。

3) 随机游走假说

Hall(1978)将理性预期引入生命周期假说和持久收入假说，利用标准的消费者跨期替代的一阶条件：

$$E[U'(C_{t+1})]=\frac{1+\rho}{1+r}U'(C_t) \tag{1}$$

其中，E 是期望的运算符号，C 代表真实消费，$U'(C)$表示消费的边际效用，ρ 是消费者的主观贴现率，r 是真实利率。

在效用函数是二次方，且在时间上可分离时，(1)式可以得到：

$$C_{t+1}=C_t+\varepsilon_t \tag{2}$$

(2)式表明除了消费 C_t 外，任何 t 期的信息都无助于预测未来消费水平。

Shea(1995)指出，当消费高于某一水平时，效用函数是凹的，当低于某一水平时，效用函数是凸的，故消费在预期收入降低时更易违反持久收入假说。

4) 预防性储蓄假说

预防性储蓄的定义、存在条件及原因。Kimball(1990)指出预防性财富是消费者在有风险时与无风险时所持有财产数量的差。预防性储蓄的动机主要有收入风险(Cantor, 1985; Skinner, 1988; Zeldes, 1989a; Kimball, 1990; Caballero, 1991)、终生风险(Yaari, 1965; Davies, 1981; Skinner, 1985; Abel, 1986; Hurd, 1989)和医疗支出的不确定性(Kotlikoff, 1988)。Leland(1968)指出，如果消费者效用函数的三阶导数大于0，在未来收入面临不确定的时候，消费者存在预防性储蓄。Miller(1976)与Sibley(1975)将Leland(1968)的研究扩展到多期模型，他们认为预防性储蓄存在的必要条件是凸的边际效用函数。Kimball(1990)指出,预防性储蓄是对负边际效用的风险规避。随着绝对谨慎系数与相对谨慎系数上升,未来收入的不确定性将导致边际消费倾向不断下降。Caballero(1990)指出,风险主要体现为劳动收入的变化。若消费者不在乎风险,他会根据持久收入的变化决定消费的变化,这就不存在过度平滑性。若考虑风险,消费者为规避风险须进行预防性储蓄,显现出过度平滑性。Zeldes(1989b)发现,在CRRA函数下,消费者有明显的预防性储蓄动机,特别是金融资产少、劳动收入不稳定的群体。

假说的主要内容。Deaton(1991)和Carroll等(1992)结合预防性储蓄与流动性约束假说,提出了储蓄的缓冲存货模型。Carroll等(1992)发现当消费者面临较大的收入不确定性,而又没有足够的耐心时,就会出现缓冲存货的储蓄行为。在这种情况下,储蓄的主要目的是应付未来收入的不确定性,未来收入不确定性程度越高,储蓄就越多。

相关的实证检验。在预防性储蓄的相关实证检验中,衡量不确定性选取的指标主要有家庭收入的变化程度(Carroll,1994;Carroll & Samwick, 1997; Carroll & Samwick, 1998)、支出的变化程度(Dynan,1993;Kuehlwein,1991)。对于预防性储蓄是否存在,现有研究没有得出一致的结论,Kuehlwein (1991)、Dynan(1993)、Guiso等(1992)和McCluer(1996)证实预防性储蓄很小甚至不存在;Carroll(1994)、Carroll & Samwick(1997)、Carroll & Samwick(1998)、Engen & Jonathan(2001)、Lusardi(1997)和Lusardi(1998)证实预防性储蓄显著存在。具有代表性的研究有:

Caballero(1991)表明由收入不确定性而导致的预防性储蓄占美国居民整个生命周期储蓄的60%以上。Dardanoni(1991)利用1984年英国的家庭支出调查数据进行实证检验,发现超过60%的储蓄是为了预防未来收入的风险。Guiso等(1992)表明虽然美国家庭存在预防性储蓄动机,但是预防性储蓄只占家庭净财富的2%。Carroll(1994)发现未来收入的不确定性对当期的消费有显著影响,并且预期收入的变动越大,当期的消费将越少。Carroll & Samwick(1995)的研究证实家庭有很强的预防性储蓄动机,其总净资产(剔除房产、私营企业)的45%以及流动资产的40%会作为预防性储蓄。Kazarosian(1997)以美国的国民纵向调查的面板数据为样本，发现居民存在很强的预防性储蓄动机，并且风险偏好是预防性储蓄动机强度的重要影响因素。Wilson(2003)以美国家庭收入动态的分组统计数据为样本，对家庭预防性储蓄动机强度的异质性进行实证检验，发现美国家庭存在较强的预防性储蓄动机，预防性储蓄占总储蓄的最小比例为38%，而最大为94%。

5) 流动性约束假说

生命周期理论和持久收入理论假设存在一个完美的资本市场，消费者可以按一个既定的利率水平在资本市场上自由地借贷以平滑一生的消费。但Flavin(1981)的研究证实消费对劳动收入存在"过度敏感性"。Campbell & Deaton(1989)发现消费的"过度平滑性"。Hayashi(2001)指出居民的实际消费与合意消费的差距大约为实际消费的2.7%。Mariger(1986)发现样本人口中有20%的人受到流动性约束。Zeldes(1989b)指出即使消费者目前不存在流动性约束，但将来面临流动性约束也会降低消费者现在的消费。Jappelli & Marco(1994)对7个OECD国家的研究表明，消费信贷市场越发达的国家，居民中受流动性约束的人口比例就越小。Denizer & Wolf(1998)指出在转型经济中，由于不存在小额信贷市场，借贷限制出现。

2.1.2 我国私人消费不足成因的研究

我国有关私人消费的文献主要集中于宏观经济学中经典假说的实证检验以及我国私人消费不足的成因两个方面，下文将从这两个方面对相关文献进行梳理。

1) 经典假说的实证检验

臧旭恒(1994)以中国的数据为样本，对绝对收入假说、相对收入假说、永久收入假说、生命周期假说和随机游走假说进行实证检验。他发现绝对收入、相对收入、永久收入和生命周期假说在我国都得到了很好的验证，而随机游走假说基本上被否定。

余永定、李军(2000)认为中国居民消费具有短视行为和阶段性，中国居民的消费依据现期收入和流动性资产水平以“最近的将来”的收入来安排支出。消费呈现出高低交错的特点，具有显著的阶段性。

罗楚亮(2004)利用中国社会科学院经济研究所收入分配课题组1995年、1999年及2002年的城镇住户调查数据，对收入不确定性、失业风险、医疗支出不确定性及教育支出等因素与城镇居民消费之间的关系进行实证检验。他发现这些不确定性因素对城镇居民的消费水平具有显著的负效应，但效应的大小因这些因素的可预期性的变化而变化。

杭斌(2009)在缓冲储备储蓄理论中引入了消费习惯因素，并利用1992—2005年中国25个省的农村住户调查数据进行了实证分析，得到了如下结论：第一，习惯形成和收入不确定性是影响中国农户消费行为的重要解释变量。习惯形成参数越大，边际消费倾向就越低。第二，消费的惯性越强，收入不确定性对消费的影响就越小。

施建淮、朱海婷(2004)以我国35个大中城市1999—2003年的数据为样本，发现大中城市的居民储蓄行为中的确存在预防性动机，但预防性动机并非如人们预期的那么强。

高梦滔(2011)发现：有在校子女的农户人均消费支出比没有在校子女的农户平均要低10%左右。并且在校子女越多，农户人均消费的下降的幅度越大；非义务教育阶段子女教育对农户的负担明显加重，有子女上大学的农户，比其他有在校子女但未在大学的农户人均消费水平还要低14%左右。越是贫困的组别，子女教育对于农户消费的影响越是强烈。

易行健、张波(2011)利用状态空间模型估计了我国城镇居民所有收入阶层边际消费倾向的波动趋势，其结果表明：所有收入阶层的边际消费倾向于1988年突然上升之后回落，而最低收入阶层从1990年开始其边际消费倾向持续上升，并于2004后开始下降；而其他6个收入阶层的边际消费倾向从1988年开始持续快速下降，于1994年后下降趋势变缓，但2004年后又快速下降；不同收入阶层的边际消费倾向逐步呈现发散的趋势，边际消费倾向随着收入水平的增加而递减。

张世伟、郝东阳(2011)依据中国城镇居民住户抽样调查数据,对城镇居民消费支出方程进行分位数回归。研究表明:收入是决定家庭消费支出的最主要因素,家庭边际消费倾向随消费水平的提高呈现出先上升后下降的倒“U”形趋势;家庭资产与家庭消费支出正相关,资产效应随消费水平的提高逐渐增强;户主年龄与家庭消费支出负相关,低消费群体的年龄效应比较明显。

万广华等(2003)发现:流动性约束、预防性储蓄动机以及工业化等对储蓄率的上升贡献相当大、文化是区域间储蓄率差异的重要因素、家庭生命周期的倒“U”形分布假说被拒绝。

杜宇玮、刘东皇(2011)发现:第一,无论是从全国总体还是分城镇和农村来看,中国居民都存在着较强的预防性储蓄动机,且城镇略高于农村,自20世纪90年代以来呈现稳步上升的态势;第二,收入不确定性是中国居民预防性储蓄动机的主要影响因素,但对农村来说则显著性不高;第三,融资约束、市场化程度等制度因素对居民预防性储蓄动机有显著的正向影响,且农村居民受融资约束的影响比城镇更大;第四,利率与居民预防性储蓄动机呈负相关关系。

2) 成因分析

第一,收入与私人消费不足。Jahangir 等(2007)指出储蓄的增加只解释了消费率偏低的很小一部分,金融体系不发达导致企业流动资本融资不足,这导致投资收益和工资在总收入中份额不高且呈下降趋势。朱国林等(2002)认为收入分配严重不均是导致我国总消费不振的一个重要原因,他认为由于遗赠储蓄倾向与收入水平正相关,而预防性储蓄倾向与收入水平负相关,所以平均总消费倾向在收入水平上呈马鞍形。任若恩、覃筱(2006),李扬、殷剑峰(2007)等认为居民可支配收入在国民可支配收入中所占比重持续下降是私人消费不足的重要原因。

第二,预防性储蓄与私人消费不足。宋铮(1999),龙志和、周浩明(2000),万广华等(2001),万广华等(2003),孙凤(2001),李实、丁赛(2003)的研究表明不确定性对我国私人消费具有显著的负效应。我国居民预防性储蓄的动机主要有:未来收入的不确定性(宋铮,1999;孙凤、王玉华,2001;罗楚亮,2004;Marcos 等,2010),流动性约束(万广华等,2001),失业风险、医疗支出的不确定性及教育支出(罗楚亮,2004)。杭斌、申春兰(2005)认为1997年以来,农村服务项目费用上涨和农产品生产价格持续下滑是农户预防性储蓄急剧增加的重要原因。万广华等(2001)指出随着我国经济改革的不断深入,流动性约束型消费者所占比重的上升以及未来收入不确定性的增大,会造成我国内需不足。罗楚亮(2004)认为收入不确定性、失业风险、医疗支出不确定性及教育支出等不确定性因素对城镇居民消费水平具有显著的负效应。沈坤荣、刘东皇(2012)指出居民谨慎的消费行为、收入分配的不合理、政府支出转型滞后等都阻碍我国居民消费的增长。刘生龙、周绍杰(2011)认为居民收入占GDP的比重持续下降、由计划生育导致的少儿扶养比持续下降、不断增长的行政管理费用和住房制度改革是导致我国居民消费率下降的最主要因素。

2.2 政府支出经济效果的文献回顾

2.2.1 政府支出与经济增长

以 Solow(1956)和 Swan(1956)为代表的新古典增长理论认为，政府支出或税收可以影响产出水平(Judd，1985；Chamley，1986)，却无法影响稳态的经济增长率。因此，本书所关注的政府支出与经济增长的关系是建立在新增长理论基础之上的。Romer(1986)强调由知识积累所导致的内生技术进步是经济增长的主要源泉，外部性的存在导致竞争均衡状态不是帕累托最优状态。Lucas(1988)提出通过教育和培训积累的人力资本是经济增长的引擎。

目前，关于政府支出与经济增长的关系没有得出一致的结论。Keuschnigg & Fisher(2002)，Barro(1991)以及 Barro & Xavier(1995)认为政府支出与经济增长正相关；Schaltegger & Torgler(2006)认为政府支出与经济增长负相关；Barro(1990)和杨子晖(2011)认为政府支出对经济增长具有非线性的作用。

从研究涵盖的范围看，Barro(1991)研究了政府支出规模与经济增长的关系；Easterly & Rebelo(1993)研究了不同类型的政府支出与经济增长的关系；Angelopoulos(2007)分析了税收与经济增长的关系；Miller & Russek(1997)、Kneller 等(1999)同时考查了政府支出、税收与经济增长的关系。

Kneller 等(1999)指出，政府支出对经济增长的作用可以从生产性支出、非生产性支出、扭曲的税收融资和非扭曲的税收融资等方面来分析。从现有文献来看，一般认为生产性支出与经济增长正相关，非生产性支出和扭曲的税收融资与经济增长负相关。本部分将在这一框架下对政府支出与经济增长的相关文献进行梳理。

第一，生产性支出与经济增长。该部分的文献主要从教育支出、研发支出、健康支出以及基础设施等方面分析政府支出与经济增长的关系。

Grossman(1990)以包含 48 个发达国家和发展中国家为样本，运用实证分析证明政府支出通过提高生产效率可以促进经济增长，低效的政府支出和税收的扭曲效应使得政府支出与经济增长负相关，但是政府支出的正效应起主导地位。

从教育来看，Keuschnigg & Fisher(2002)指出如果信贷市场不完善，并且教育存在“拥挤”效应，政府在教育领域的投入可以提高教育水平，进而提高社会的人力资本，促进经济增长。Gradstein & Justman(1997)将外部性引入个体人力资本的形成，他们指出，如果外部性足够大，人力资本投资能促进经济增长。Barro(1991)以及 Bils & Peter(2000)等的研究都证明教育与人均 GDP 增长率正相关。

从基础设施来看，Aschauer(1989)认为核心基础设施投资对生产率产生显著的正面影响，非核心基础设施投资对生产率无影响。Miguel(2009)认为政府增加基础设施投资能够显著提高劳动生产率的增长率，政府增加消费支出能够显著降低劳动生产率的增长率。Barro & Xavier(1992)认为如果公共投资的社会回报高于私人资本的社会回报，公共投资能促进经济增长。Easterly & Rebelo(1993)运用 Barro(1991)的数据，通过实证研究，发现在运输和通讯方面的公共投资以及一般意义上的政府投资可以促进经济增长。Glomm & Ravikumar(1997)认为政府在教育以及基础设施等方面的投资对经济增长有直接的影响。Devarajan 等(1996)证实经常性支出对经济增长存在正效应，而资本性支出则与经济增长负相关，并且生产性支出过度对经济增长有负影响。Odedokun(1997)以 48 个发展中国家为样本，通过实证研究发现基础设施能促进私人投资和经济增长。

从研发支出来看，Romer(1986)、Segerstrom 等(1990)以及 Grossman & Helpman(1991)都强调研发补贴对促进长期经济增长的重要性。Morales(2001)对不同类型的研发支出与经济增长的关系进行检验，发现由公共部门进行的基础型研发对经济增长有促进作用，由厂商进行的应用型研发不利于经济增长。

从健康支出来看，Barro(1996)认为健康是主要的生产性资产，是增长的引擎。Grossman(1990)、Bloom & Canning(2000)指出健康的个体在运用知识时效率更高，进而生产效率更高。

第二，非生产性支出与经济增长。Barro(1991)以 1960—1985 年间 98 个发展中国家的数据为样本，通过实证检验，发现政府消费与经济增长负相关。Levine & Renelt(1992)以 119 个发达国家和发展中国家 1974—1978 年的数据为样本，通过实证检验，发现不同类型的政府支出对经济增长的作用各异，政府消费与经济增长负相关，而公共投资与经济增长正相关。Kneller(1999)和Bleaney等(2001)的研究都证实生产性支出有益于经济增长，但扭曲的税收融资会降低其对经济增长的贡献。郭庆旺等(2003)实证检验的结果表明，政府支出总规模与经济增长呈负相关关系，生产性支出与经济增长呈正相关关系。就对经济增长的贡献程度而言，研究与开发(R&D)投资最大，人力资本投资次之，而物资资本投资最小。

第三，税收与经济增长。Battaglini & Coate(2008)发现当税率、政府债务以及政府规模处于合理水平时，政府支出与经济增长呈显著的正相关关系。Barro(1990)指出，当政府支出规模较低时(意味着低税率)，政府支出与经济增长正相关，但随着政府支出规模的增加(意味着高税率对私人资本积累的负激励增加)，政府支出规模与经济增长负相关。Milesi等(1998)认为扭曲的税收会扭曲私人部门关于投资和储蓄的决策，从而影响要素积累，进而影响经济增长。杨子晖(2011)运用面板平滑转换回归模型，在非线性的框架下对政府规模与经济增长关系的渐进演变进行研究，指出政府规模与经济增长之间存在着非线性关系，随着政府规模的逐步增大，税负增加等因素使得政府支出增加所产生的负效应影响逐步凸显，而当政府规模进一步扩大并超过警戒水平时，过度拥挤的政府支出对经济增长将由促进作用转变为阻碍作用。

2.2.2 政府支出与私人消费

自从Bailey(1971)以来，学者们对政府支出与私人消费的关系进行了广泛深入的研究，但是目前仍然没有得出一致的结论。有的学者认为政府支出与私人消费呈互补关系(Karras，1994；Bouakez & Nooman，2007)，有的学者认为政府支出与私人消费呈替代关系(Tsung-wu，2001；Aschauer，1985)。之所以现有研究没有得出一致的结论，主要是由于不同的文献在理论基础、实证方法以及样本选择上存在差异，因此，本部分将从上述几个方面对政府支出与私人消费关系研究的相关文献进行梳理。

第一，理论基础。现有对政府支出与私人消费关系的研究主要有局部均衡分析法和一般均衡分析法。其中，局部均衡分析法主要是建立在欧拉方程的基础之上。Bailey(1971)和Barro(1981)认为政府支出对消费者效用具有直接影响，政府支出与私人消费之间的关系取决于两者的替代性(互补性)的程度。Aschauer(1985)、Karras(1994)、Amano & Wirjanto(1998)和 Okubo(2003)在欧拉方程的基础上,运用局部均衡的方法分析政府支出与私人消费的关系。同以美国为样本,Aschauer(1985)的研究表明政府支出与私人消费相互替代,而 Amano & Wirjanto(1998)则认为两者互补。Fiorito & Kollitznas(2004)指出政府在国防、治安维护领域的支出与私人消费呈替代关系,而在健康教育等领域的支出与私人消费呈互补关系。

一般均衡分析法建立在真实商业周期理论之上。真实商业周期理论假设政府支出是完全浪费的,政府支出增加会导致税收增加,从而导致居民可支配收入现值的下降,进而导致私人消费下降(Baxter & King,1993)。Linnemann & Schabert(2003)指出价格的黏性在数量上不足以支撑政府支出对私人消费的挤出效应,政府支出对居民持久收入的负面影响处于主导地位。Galí 等(2007)将面临流动性约束而具有短视消费倾向的消费者引入真实商业周期模型,指出在这种条件下政府支出对私人消费具有促进作用。Bouakez & Nooman(2007)在一般均衡的框架下,以美国总体的数据为样本,发现政府支出与私人消费呈互补关系。Smets & Wouters(2003)在一般均衡的框架下,发现政府支出与私人消费不相关,而 Forni 等(2007)则证实政府支出与私人消费负相关。

第二,实证方法。从实证检验的样本类型来看,有时间序列和面板数据,在不同的数据类型下,研究者也采用不同的方法。在以时间序列为样本的研究中,采用的是向量自回归模型(VAR)(Fatas & Ilian,2001;Olivier & Roberto,2002;Perotti,2004;Galí 等,2001)或结构向量自回归模型(SVAR)(Olivier & Roberto,2002)。在以面板数据为样本的研究中,Tsung-wu(2001)、Kwan(2006)运用动态普通最小二乘法(DOLS)对政府支出与私人消费的关系进行协整检验。Anoruo(2005)分别运用估计固定效应模型和随机效应模型检验政府支出与私人消费的关系。

此外,学者们还对政府支出对私人消费的作用机制进行了研究。Barro(1974)指出,在资本市场完备、一次性总付税、代际利他、债券增长不超过经济增长和消费者是理性预期的条件下,政府支出不会影响私人消费水平。Barro(1981)认为政府支出通过改变居民的永久收入、对私人消费的替代以及政府支出所带来的现在或未来的税率的变化等渠道影响私人消费。新古典经济学认为，增加政府支出带来总需求的增加，这会提高居民的可支配收入，增加私人消费。真实商业周期理论认为，通过税收补偿的政府支出的增加会降低居民的永久收入水平，从而降低私人消费。为了防止消费较大幅度的下降，居民会增加劳动供给以提高永久收入，但这难以抵消负的财富效应。

国内学者也对政府支出与私人消费的关系进行了诸多研究。谢建国等(2002)认为在短期内，中国政府可能通过增加政府支出的方式增加总需求，但在长期均衡时，政府支出完全挤占了消费支出。李广众(2005)对全国、城镇以及农村样本的估计说明，改革开放以来，政府支出与居民消费之间表现为互补关系。

刘宛晨、袁闯(2006)认为，政府支出对居民消费存在互补效应，即政府支出的增加促进了居民消费的增长，尤其促进了农村居民消费的增长。申琳、马丹(2007)认为政府支出通过消费倾斜渠道使人均居民消费上升，通过资源撤出渠道导致人均居民消费下降。综合来看，我国人均政府支出增加通过两种渠道最终导致人均居民消费下降。

黄威、丛树海(2011)发现，支出政策对居民消费影响的显著性要明显强于收入政策。财政政策的影响具有非均衡性，对农村居民消费的有效性要高于城镇居民，对中、西部农村居民消费具有显著的非凯恩斯效应，其余的都具有凯恩斯效应。从政策的效果看，东、中部地区扩张性政策的效应较为显著，而在西部地区，紧缩性政策的效应更为显著。

刘东皇、沈坤荣(2010)认为，从总量上看，政府支出与居民消费之间存在长期稳定的均衡关系，政府支出对全国、城镇和农村居民消费都具有挤入效应；从结构上看，社会文教方面的支出对居民消费具有显著的挤入效应，而对城镇居民消费的挤入效应显著强于对农村居民消费的挤入效应。

2.3　财政分权与政府行为的文献回顾

2.3.1　财政分权理论的演化

财政分权理论到目前为止，经历了两代：第一代是以 Tiebout、Musgrave 和 Oates 为主要代表的财政联邦主义。第二代是以 Montinola、钱颖一、Weingast、McKinnon 等为主要代表的市场维护型财政联邦主义。

第一代财政分权理论是建立在 Samuelson、Arrow 以及 Musgrave 等人的研究基础之上，因此 Oates（2004）也将第一代财政分权理论的研究视角称为 AMS。Samuelson（1955）分析了公共产品的属性，Arrow（1970）将公共部门和私人部门的作用概念化，Musgrave（1959）强调了政府在纠正各种市场失灵、建立公平的收入分配体系、促进宏观经济稳定等方面的积极有效的作用。AMS 隐含的含义是由于公共产品的非排他性和非竞争性导致市场失灵，因此政府无论是处于仁慈的考虑还是迫于选民的压力都应该通过干预来解决公共产品供给市场失灵的问题。Tiebout（1956）将公共物品的最优供给扩展到地方辖区的公共物品的最优供给实现，他将财政分权与居民的自由流动相结合，来解决公共物品供给的效率问题。在这种机制下，地方政府在税收和公共物品的供给程度上形成竞争，而居民依据自己对公共物品和税收的偏好程度，通过“用脚投票”的方式选择自己的居住地。Oates（1972）指出，如果不同地区居民对公共产品的偏好相同，并且公共产品具有外部性，这时通过集权（中央政府）统一供给；如果居民对公共产品的偏好存在异质性，并且公共产品无外部性，那么通过分权（地方政府）供给。

第二代财政分权理论将政治过程以及不同主体之间的信息不对称引入理论分析，还假设政府最大化自己的目标函数而不是追求社会福利最大化。第二代财政分权理论有政治经济学（Lockwood，2007；Besley & Stephen，2003）和委托代理（Seabright，1996；Besley & Smart，2007）两种视角。

就政治经济学的研究视角来看，Lockwood（2002）集中于对讨价还价过程的分析，他指出由于公共产品供给决策过程中存在讨价还价机制，导致在均衡条件下是以成本最小的原则来供给公共产品，而不是以剩余最大化为原则。因此，即使在不同区域间，居民对公共产品的偏好相同以及存在外溢效应的条件下，分权所带来的福利都优于集权所带来的福利。Besley & Stephen(2003)指出，由于居于中位数选民更偏好于对公共产品偏好程度高于自己的代表，所以集权条件下均衡的公共产品供给量高于有效水平。

Seabright(1996)运用委托—代理的框架分析权力在政府之间的分配，他认为无论是分权还是集权，其在权力上配置的价值是给政府以为当地居民利益服务的激励。他假设政府行为不能直接被选民直接观察，选民的福利状况受政府努力以及各种随机因素影响，而这些随机变量政府和居民无法证实。因此，政府无法依据其对居民的影响而受到直接的和约定的奖励或惩罚。因此，议会多将赋予选民重新选举政府的权利。因此，集权和分权的区别在于哪一个集团的选民有重新选举政府的权利。分权是将国家的各种政策变量赋予不同地区的政府，并且每一个地区的选民拥有完全的权利重选政府。集权是将国家所有的政策变量交由一个政府，并且其他地区没有单独重选政府的能力。他指出，即使在地区间偏好相同的情况下，分权对于提高政府的合意水平都有益。Besley & Smart(2007)指出，选举具有选择效应和激励—处罚机制。所谓选择效应指选民能不重新选择差的在位政府，而激励—处罚机制指为了增加重新当选的概率，差的在位政府有激励去提高政府质量。Hindriks & Lockwood(2008)分析了在具有寻租动机的政府和对其他地区的财政政策拥有不完全信息的选民的环境中，财政分权与合意性政府之间的关系，指出财政分权通过选择效应或激励效应来提高政府的合意水平，证实分权对提高政府的合意水平具有正效应。

2.3.2 财政分权与政府行为关系的实证检验

1) 财政分权与经济增长

由于财政分权可以通过提高公共产品的配置效率促进经济增长，所以有大量文献对财政分权与经济增长的关系进行了理论分析和实证检验。从理论上看，Brueckner(1999)运用跨期迭代模型证实分权对经济增长的影响取决于年轻人和老人对公共产品的需求程度。Brueckner(2006)认为分权能促进年轻人在人力资本上的投资,进而促进经济增长。Davoodi & Heng-fu(1998)认为存在最优分权程度,如果现行分权程度与最优分权程度不同,通过适当的改革可以促进经济增长。Rauscher(2006)指出,为流动的税基而竞争能导致政治创新,进而促进经济增长。

从实证研究来看,Akai & Sakata(2002)以美国州际的截面数据为样本,Stansel(2005)以美国314个城市1960—1990年的面板数据为样本,Iimi(2005)以51个发展中国家和发达国家1971—2001年的面板数据为样本,这些研究都表明分权与经济增长正相关。Desai等(2003)发现分权与经济增长正相关,但具有非线性效应。但也有很多实证研究认为分权与经济增长负相关:Xie等(1999)以美国的时间序列数据为样本,Woller & Phillips(1998)以32个发展中国家的面板数据为样本,Thornton(2007)以19个经合组织(OECD)的截面数据为样本。Faguet(2004)、Fisman & Gatti(2000)指出财政分权有利于降低腐败水平,Treisman(2000)认为财政分权无助于提高政府效率。

2) 财政分权与税收竞争

Brennan & Buchanan(1980)提出了关于政府行为的"利维坦假说",该假说认为中央政府的目标不是追求社会福利的最大化,而是像一个垄断者,以追求对经济资源的控制,而且公司和资本在地区间是可以自由流动的,这就将中央政府分割为若干个小的地区政府,而这必将导致财政竞争。基于流动税基的税收竞争(Zodrow & Mieszkowski,1986)和基于相对绩效评估的标尺竞争(Besley & Anne,1995)是财政竞争的主要形式。税收竞争的主要结论有:第一,当税收竞争处于纳什均衡时被投资地的政府对资本征税不足,并且如果以对资本征税为政府支出融资时,当地公共服务供给不足(Zodrow & Mieszkowski,1986;Wilson,1986)。第二,如果有其他的扭曲性税收,对资本征税不足会导致对其他的产品或要素征税过量(Bucovetsky & Wilson,1991)。Oates(1972)指出,为了吸引企业投资,地方政府会降低税率,这会导致公共服务的供给水平低于边际收益等于边际成本的最优值,特别是对企业没有直接利益的公共服务。Zodrow & Mieszkowski(1986)假设某国由n个同质地区组成,土地和资本是生产要素,每个地区拥有等量的不可流动的生产要素土地,国家资本总量恒定,资本在不同的地区流动。每个地区的居民数相同,居民的效用函数为$U(C,G)$,C代表私人产品,G代表公共产品。每个居民拥有居住地的等量土地和国家总资本的等量份额。政府通过人头税和对资本征税进行融资。政府通过选择税收来实现居住地居民福利最大化。他发现对资本征收扭曲性税收会导致为居民服务的公共产品供给下降。Wildasin(1991)假设经济体由 n 个同质的经济体组成，该地区居民的人数被标准化为1，消费者的效用函数为 $U(x_i, g_i)$，i 地区的生产函数为 $f(k_i)$。i 地政府在 $f_k(k_i) - t_i = r$、$k = \sum_{i=1}^{n} k_i$ 和 $t_i k_i = g_i$ 的约束下实现居住地效用最大化。结论表明，政府参与税收竞争时的税率和政府支出水平都高于参与政府支出竞争时的水平。Beck(1983)、Wilson(1986)和 Hoyt(1991)的研究也表明在居民不可流动的条件下，税收竞争导致当地政府支出低于最优水平。

David(1982)、Gordon(1990)、Krelove(1992)和 Burbidge & Myers(1994)则分析了居民可自由流动条件下的财政竞争。他们假设当地政府的目标是最大化本地居民消费者的效用水平，在考虑了居民的流动性以及当地政府的目标取向之后，他们都认为财政分权会导致财政支出达到最优。Mansoorian & Gordon (1997)在居民可以自由流动的条件下，分析了政府不同目标下财政政策的结果，他们发现，目标函数的差异会导致税收竞争的结果各异，并且当地政府支出并不总能达到最优。

除了上述关于税收竞争影响结果的理论分析，还有大量文献对政府在税收竞争的反应函数进行实证检验。Brueckner & Saavedra(2000)以波士顿地区的截面数据为样本，运用空间计量经济学的方法，对财产税的反应函数的斜率进行估计。其结果表明，税收反应函数的斜率显著不为0，这表明税收竞争存在着策略性行为。Brett & Pinkse(2000)和 Buettner(2001)分别对加拿大和德国的财产税的税收反应函数进行估计，Hayashi & Boadway(2001)则估计了加拿大省际间公司所得税的税收反应函数。

国内学者对我国的税收竞争的存在情况进行了实证检验。沈坤荣、付文林(2006)运用空间滞后模型对中国省际的税收竞争与博弈行为进行检验，发现省际税收竞争反应函数斜率为负。郭杰、李涛(2009)发现各省份的增值税、企业所得税、财产税类的税负水平表现出显著的同期的空间策略互补特征，而各省份的营业税、个人所得税的税负水平却表现出显著的同期的空间策略替代特征；此外，各省份的营业税、财产税、各种费的税负水平都表现出显著的时间上的路径依赖特征。王美今等(2010)发现宏观税负以分税制改革为界，税收策略互动特性从相互模仿转变为差异化，而支出相对规模、基本建设支出和科教文卫支出均表现出相互模仿的策略互动；在纵向共同反应特性方面，地方政府在宏观税负、支出相对规模和基本建设支出这三项政策上跟随效仿中央政府，但中央政府的科教文卫支出政策未能对地方政府产生强而有力的影响。王守坤、任保平(2008)采用两阶段最小二乘法(2SLS)，以1978—2006年的省际分面板数据为样本，发现我国省级政府间存在显著的财政策略性行为，且策略性反应函数向右上方倾斜。同时，东中西部省份之间财政策略性反应特征不同，呈现出跨区差异与俱乐部效应。此外，他们还发现我国省级政府间争夺流动性税基的税收竞争效应显著，而“自上而下的标尺竞争”效应没有得到证实。

除此之外，也有学者运用委托—代理的分析框架分析了税收竞争的影响(Mezzetti，1997；Osmundsen et al，1998)。Mezzetti(1997)指出，当两个地区的政府不合作时，税收竞争会增加企业的信息租金，从而降低两个地区的总福利水平。

除了税收竞争之外，政府间为资本竞争的方法还有支出竞争。Hindriks等(2008)构建了一个两阶段的博弈模型，在第一阶段地方政府确定公共产品的供给水平，在第二阶段确定税率。在这种竞争格局中，地方政府有在第一阶段公共产品供给不足以减缓其在税率竞争中的压力。Wrede(1997)、Gugl(2003)以及Keen & Marchand(1997)指出在均衡时，政府支出更多地偏向于对资本有益的公共产品，而对当地居民有益的公共产品供给低于最优水平。Estache(1994)发现分权会增加政府的基础建设支出。Noiset & Oakland(1995)、Fuest(1995)、Matsumoto(1998)发现在规模报酬不变和财政竞争的条件下，对当地居民有益的公共产品供给过量。Zhuravskaya(2000)、Faguet(2004)分别以俄罗斯和玻利维亚为样本，证明分权促进地方政府提供公共服务。Iwan & Ben(2007)以1982—2000年的瑞士面板数据为样本，估计了教育系统的生产函数，实证结果支持财政分权与教育系统的产出正相关。Matsumoto(1998)的研究表明，税收导致公共投入的无效性程度取决于生产要素以及企业的流动性。

Sinn(1974)证实决策相互影响的政府会选择较低的产品质量标准。Cumberland(1981)指出，如果政府将环境政策作为吸引企业和资本的政策工具，环境标准将会被放松，进而导致环境恶化。Kim & Wilson(1997)也证实，在均衡时环境被过度消耗。

3) 财政分权与蒂布特(Tiebout)机制

Fischel(1975)将可以自由流动的企业这一条件引入蒂布特(Tiebout)模型，他证明在均衡时每个厂商被征的税收等于当地政府为其提供的公共投入的边际成本。Wellisch & Dietmar(1996)将可以自由流动的企业和居民同时引入 Tiebout 模型，发现外部效应的存在会削弱 Tiebout 机制对提高公共产品供给效率的影响，这种外部性主要通过财政竞争实现。当一个地区通过降低税率而吸引流动资本时，会降低其他地区的税基，进而减少其收入；当某地区能影响生产要素的价格时，地区之间的竞争会导致生产要素的配置偏离最优水平。

2.3.3 中国式分权的特征及影响

1) 中国式分权的特征

Yingyi & Barry(1997)提出"中国式分权"的概念，他们认为中国式分权主要指中国分散化的财政体制。Blanchard & Andrei(2000)认为我国的中央政府无论在惩罚还是奖励地方官员上都处于强势地位，这确保了地方官员在政治上的合意性。Yu & Tsui(2005)描述了我国省级官员的政治生涯路径，发现省级官员被上级领导按照既定的目标进行详细的考察，然后确定其奖惩程度。Mansoorian 等(1997)认为中国是一个多任务的具有层级的组织，中央政府对地方政府的行为具有很大的影响，如果经济增长速度提高，省级领导进入中央委员会的概率会增加。Li & Zhou(2005)以 1979—2005 年的省级面板数据为样本，发现经济增长快的省份的领导更容易升迁。

周黎安(2007)提出了"晋升锦标赛"假说。他认为晋升锦标赛作为一种行政治理模式，指上级政府对多个下级政府部门的行政长官设计的一种晋升竞赛，竞赛优胜者将获得晋升，而竞赛标准由上级政府决定。他指出以经济增长为基础的晋升锦标赛结合了中国政府体制和经济结构的独特性质，在政府官员手中拥有巨大的行政权力和自由处置权的情况下，提供了一种具有中国特色的激励地方官员推动地方经济发展的治理方式。

王守坤、任保平(2009)运用System-GMM法对我国1985—2007年省际动态面板数据进行实证检验，发现我国中央政府与地方政府间的分权性质更接近于财政联邦主义理论框架。

傅勇(2008a)认为中央政府以政绩考核为核心的政治激励将地方政府的注意力集中到增长而不是租金上，有效的财政激励保证了地方政府能稳定地分享增长果实；同时，对外资的竞争使得地方政府不能囿于本地既得利益。

傅勇(2008b)发现1980年开始的分权化改革显著地提升了地方财政激励的强度，这一特征并没有因税制调整和大规模的垂直转移支付而改变，而且分税制改革进一步强化了而不是削弱了地方财政激励。

2）中国式分权的影响

第一，中国式分权与经济增长。从中国式分权与经济增长的关系来看，现有文献没有得出一致的结论，有的学者认为分权促进了中国经济增长(Oi，1992；Yingyi & Barry，1997；Yingyi，1999；林毅夫、刘志强，2000)，而有的则认为分权与中国经济增长负相关(Yang & Dali，1997；Young，2000)。从区域增长绩效来看，李国璋、刘津汝(2010)发现财政分权对东中西部地区的经济增长起到了促进作用，财政分权带来的市场分割对其积极作用有所削弱，且对东部地区的削弱作用远大于中西部地区。范子英、张军(2009)采用非期望产出模型计算各省份在1985—2001年的经济效率，发现随着改革开放的推进，经济发展状态逐渐摆脱计划经济的影响，有效率的省份开始从京津唐向沿海地区转移，并且财政分权和开放带来这种综合效率的改善。

财政分权对中国经济增长的影响机制主要有：激励效应、区域割据、经济开放程度、FDI以及基础设施建设等。Oi(1992)和Yingyi & Barry(1997)认为1980—1993年的财政包干为地方政府发展本地经济提供了物质激励和奖励。Yingyi(1999)认为财政分权强化了地方国有企业所面临的约束，进而提高了国有企业的效率。杨晓丽、许垒(2011)认为财政分权所引致的地区间策略性税收竞争通过降低外资质量影响FDI的经济增长效应，经济发展水平相近的地区间外资企业实际所得税率具有显著的空间正相关性，税收优惠对 FDI 经济增长效应具有明显的阻碍作用，并且税收优惠幅度越大，阻碍作用越强。王德祥、李建军(2008)指出，长期内财政分权会推进外贸依存度的提高，而短期内财政分权对外贸依存度的作用不显著。李一花、骆永民(2009)认为我国的财政分权显著影响了基础设施的建设，且基础设施建设对经济增长的贡献十分显著。但是 Yang(1997)认为财政分权导致的区域分割和地方保护主义不利于要素的合理配置。Young(2000)指出，财政分权导致地区间的产业结构趋同，区域间分工程度降低。

第二，中国式分权与政府支出。现有文献主要从政府行为、不同类型的政府支出与财政分权的关系、政府支出的效率及结构与财政分权的关系等角度展开。陈抗等(2002)发现分税制改革促使地方政府的行为由“援助之手”变为“攫取之手”。从不同类型的政府支出来看，乔宝云等(2005)、罗伟卿(2010)和林江等(2011)发现分权无助于教育服务的提升。Uchimura & Jutting(2007)发现中国的财政分权降低了婴儿死亡率。West & Christine(1995)对于中国的研究表明，财政分权导致了卫生和教育等政府支出的减少，尤其是贫困地区居民的福利状况明显恶化。傅勇(2010)指出，财政分权显著且可观地降低了基础教育的质量，也减少了城市公用设施的供给。龚锋、卢洪友(2009)利用 1999—2005 年中国内地地区 28 个省的面板数据，联立估计了教育支出等 7 类政府支出的需求函数，并据此构建 7 类政府支出的供需匹配指数，然后运用多选项 Logit 模型，实证检验财政分权程度与政府支出供需匹配指数的相互关系，发现财政分权程度与教育支出以及抚恤与社会福利救济费供给不足指数正相关，财政分权程度与行政管理费以及基本建设支出过度供给指数正相关。

从政府的支出效率来看，安苑、王珺(2010)使用非参数逐点估计方法分析了分权对地方政府财政支出偏向的动态影响，发现财政分权促进了地方政府重视经济建设支出而忽视科教文卫支出的偏向。将这一支出偏向效应拓展至动态发现，在财政分权度从低到高变化的过程中存在一个跳跃点，在此点以下，分权显著地促进了支出偏向；而当分权度达到此点以上时，分权的支出偏向效应则大大减弱。随着时间的演进，高分权度地区的支出偏向趋于缓和，而低分权度地区的支出偏向却持续恶化。贾智莲、卢洪友(2010)运用动态因子分析法对中国省级地方政府

2001—2006年教育及民生类公共品的有效供给水平作出了综合评价，并利用固定效应面板数据模型分析财政分权、政府偏好等因素对教育及民生类公共品有效供给水平的影响，他们发现，财政分权与政府偏好并没有增进地方政府对教育及民生类公共品的有效供给水平，地方财政收入和城市化水平有利于增进教育及民生类公共品供给的有效性，财政转移支付、经济开放度和人口密度对教育及民生类公共品的有效供给产生负面影响。

从政府的支出结构来看，傅勇、张晏(2007)指出中国的财政分权以及基于政绩考核下的政府竞争，在支出结构上造就了地方政府"重基本建设，轻人力资本投资和公共服务"的严重扭曲。

第三，其他研究。张克中等(2011)从碳排放的角度，利用1998—2008年省际面板数据分析了财政分权与环境污染的关系，发现财政分权与碳排放存在正相关关系，分权程度的提高不利于碳排放量的减少。朱平芳等(2011)以环境规制不可直接观测与地方环境决策的策略性博弈为出发点，通过联合检验地方环境决策竞争效应与环境规制强度对FDI作用方向来判别"逐底竞赛"的存在。他们发现国内地方政府为吸引FDI而导致的环境政策博弈显著存在，但环境规制对FDI的影响作用平均而言并不显著。分位点估计进一步显示，地方环境决策的竞争程度随分位点的上升而不断增强，而环境规制对FDI的作用方向与FDI本身的水平高低密切相关：在FDI低水平的城市间，环境规制对外资并非只是简单的遏止作用；环境"逐底效应"在FDI水平最高的城市间明显弱化，而这一效应在FDI中高水平的城市间最为显著。

2.4 简单评论

现有文献对私人消费不足的成因、政府支出的经济效果以及中国式分权的影响进行了大量的研究，为本书提供了有效的支撑，提供了很多有益的素材和可借鉴的思路，但是仍然有一些可以拓展的地方。

第一，私人消费不足的困境是本书所关注的核心问题，现有关于这一方面的研究主要基于“消费＝收入－储蓄”这一分析框架，从收入水平、收入分配以及预防性储蓄等角度分析我国私人消费不足的成因，但是我国目前的消费率与世界的平均水平、经典理论所提供的参考值都有较大的差距，我国非但没有破解私人消费率不断下滑的难题，反而陷入一个不断自我锁定的循环之中，现有文献还没有给予强有力的解释。

第二，现有文献主要集中于从总量的角度分析政府支出与私人消费的关系，虽然也有文献分析了不同类型的政府支出与私人消费的关系，但是政府支出对私人消费的作用机制的理论基础是欧拉方程。我国正向市场经济转型，社会保障体系还不完备，政府支出结构对私人消费影响很大。因此，从功能的角度分析政府支出对私人消费的作用机制，进而分析政府支出结构对私人消费的影响具有很强的现实意义，但现有文献对于这一问题缺乏系统的分析。

第三，中国式分权是我国经济快速增长的动力之一，现有文献就中国式分权的特点、对中国经济增长的作用机制以及对政府行为的影响展开了广泛的分析，但上述分析主要关注分权的经济增长效应，分权对政府行为的影响，对分权的福利效应，特别是分权、政府支出与私人消费三者之间的联系分析的比较少。从根本上说，我国之所以会出现私人消费不足的困境，是由我国的经济增长方式所决定的。政府主导是我国经济增长方式的重要特点，因此分析中国式分权对政府的激励效应、政府在特定激励下的行为模式以及这种模式对私人消费的影响具有很强的理论意义，同时也有利于从更宽广的视野理解我国私人消费不足困境的形成机理。

综上所述，本书将整合上述领域的研究，以政府所面临的激励为基础，以政府支出的功能为视角，分析政府支出对私人消费的作用机制，考虑分权对政府支出的影响，阐述我国私人消费不足困境形成的机理，构建实现私人消费与GDP协调增长的路径。

首先，在Aschauer(1985)和Barro(1990)的基础之上，将政府支出分为生产性支出和消费性支出，政府支出对私人消费的作用机制可以概括为收入效应和替代效应。其中，收入效应指生产性支出提高私人资本的边际产量，提高居民可支配收入，增加私人消费。替代效应指政府通过增加消费性公共产品供给，降低居民在消费性公共产品方面的预防性储蓄，增加私人消费。

其次，借鉴公共选择理论中关于政府是实现自身利益最大化的经济人的假说，分析中国式分权中的“晋升锦标赛”对政府支出以及经济发展方式选择的影响，这种支出模式和经济发展方式对收入效应和替代效应的影响。

最后，从财政分权的角度分析政府支出与私人消费的关系，对我国私人消费不足困境的形成机理进行实证检验。

第三章

政府支出对私人消费的影响机制研究

3.1 引言

钱纳里指出,“当一个国家的人均国民生产总值从 100 美元上升到 1 000 美元(1964 年的美元)的阶段中,消费率会呈现明显的逐年下降的趋势。而当人均国民生产总值高于 1 000 美元以后,消费率的变化开始趋于稳定,并逐步上升。”我国的人均 GDP 从 1978 年的 381 元增加到 2008 年的 22 698 元,但我国的私人消费率从 1978 年的 48.26%增加到 1982 年的 54.53%,然后逐渐下降,至 2008 年跌至 36.38%。与之相伴,我国政府支出占 GDP 的比重从 1978 年的 31.1%下降到 1996 年的 10.7%,从 1997 年开始逐步上升,到 2008 年上升至 20%。为什么我国私人消费率没有呈现钱纳里所说的先减后增的走势?为什么私人消费率下降与政府支出规模上升并存?

现有文献主要从私人消费不足的角度解释私人消费率偏低,代表性的观点有:第一,收入水平不高、收入分配差距过大导致私人消费不足。Jahangir 等(2007)指出,金融体系不发达使得企业流动资本融资不足,投资收益和工资在总收入中份额不高且呈下降趋势。朱国林等(2002)认为收入分配严重不均导致我国总消费不振。任若恩等(2006)、李扬等(2007)认为居民可支配收入在国民可支配收入中所占比重持续下降是私人消费不足的重要原因。第二,预防性储蓄导致私人消费不足。未来收入的不确定性(宋铮,1999;孙凤,2001;罗楚亮,2004),流动性约束(万广华等,2001),失业风险、医疗支出不确定性及教育支出等(罗楚亮,

2004)是城镇居民私人消费不足的原因。

我国私人消费率偏低不仅反映了私人消费不足,也反映了私人消费的增长滞后于GDP增长。为什么我国的政府支出促进了经济增长,却没有提高私人消费率?政府支出通过何种机制来影响私人消费?这些是本章研究的核心问题。

政府支出与私人消费的关系一直以来都是宏观经济学所关注的热点问题。Baily(1971)认为私人消费和政府支出存在替代的可能性。Aschauer(1985)、Tsung-wu(2001)的研究表明,政府支出和私人消费相互替代。Karras(1994)认为政府支出和私人消费互补。国内学者也对这一问题进行了广泛的探讨,胡书东(2002)、李广众(2005)认为政府支出与私人消费之间表现为互补关系。谢建国、陈漓高(2002)认为在短期内政府可能通过增加支出的方式增加总需求,但在长期均衡时政府支出完全挤占了消费支出。除此之外,学者们对不同类型的政府支出与私人消费的关系也进行了研究,Fiorito & Kollintzas(2004)指出国防和公共安全领域的政府支出对私人消费具有替代效应,而健康、教育等方面的政府支出对私人消费具有互补效应。石柱鲜等(2005)认为政府投资、教育文化和行政管理支出挤入私人消费,而经济建设支出挤出私人消费。张治觉、吴定玉(2007)认为政府投资性支出对私人消费具有挤出效应,政府转移性支出在大多数年份对私人消费具有引导效应。

上述研究都建立在财政政策的线性效应假设基础上,自Giavazzi & Pagano(1990)之后,学者们对财政政策的非线性效应进行了大量的研究。王立勇、高伟(2009)的研究表明,政府消费在1978—1980年和1984—1997年对私人消费产生显著的非凯恩斯影响。政府投资对私人消费不存在非线性效应,但存在非对称影响。本章沿着上述文献的研究思路,继续分析政府支出与私人消费的非线性关系。与上述文献相比,本章有两点不同:第一,在Aschauer(1985)和Barro(1990)的基础上,将政府支出分为生产性支出和消费性支出。其中,生产性支出指进入企业生产函数,用于提高私人资本边际产量的支出,比如基础设施建设、研发投入等;消费性支出指进入家庭效用函数的支出,比如教育、医疗等领域的支出。政府支出通过收入效应和替代效应影响私人消费。第二,将财政分权引入政府支出与私人消费关系的分析。政府支出不仅会影响私人消费,同样也会对经济增长产生影响。Aschauer(1989)发现，核心基础设施投资能促进经济增长。Easterly & Rebelo(1993)指出，用于交通和通讯的公共支出对经济增长具有直接影响。我国的财政分权是政治集权和经济分权相结合，这种激励将会加剧地方政府为谋求私人利益的“攫取之手”的行为(陈刚等，2009)。不同类型的政府支出具有不同的效果，财政分权的激励效应使得政府有扭曲支出结构的偏好(傅勇、张晏，2007)。资本边际效率递减以及我国的经济增长模式导致生产性支出对私人消费的边际贡献递减，同时，消费性支出的减少导致消费性公共产品供给减少、价格上升，居民需要通过降低私人消费为公共产品融资，这又进一步降低了生产性支出对私人消费的边际贡献。因此，我们认为财政分权导致的政府支出结构扭曲以及粗放型的经济增长方式，导致政府支出与私人消费呈现倒“U”形关系。

本章的结构安排如下：首先，在 Barro(1990)的基础上，引入生产性支出占政府支出的份额 s，分析政府支出结构对经济增长和代表性家庭效用水平的影响；然后，通过比较不同激励下政府支出的差异及效应，分析政府支出对私人消费的作用机制；最后，解释我国“高增长、低消费”的成因。

3.2　假说的提出

假设初始资本存量为 $k(0)$，经济由连续同质的代表性家庭和政府组成，代表性家庭既是生产者也是消费者。代表性家庭无人口增长，具有无限生命，在其生命续存期内，通过选择消费组合路径实现终身效用最大化，其效用函数如(1)、(2)所示：

$$U=\int_0^{\infty} U(c,G_c)\mathrm{e}^{-\rho t}\mathrm{d}t \qquad \rho>0 \tag{1}$$

$$U(c,G_c)=\frac{(c^{\beta}G_c^{1-\beta})^{1-\delta}-1}{1-\delta} \qquad 1>\beta>0,\delta>0 \tag{2}$$

其中，c 为由市场提供的私人产品，G_c 为消费性公共产品，ρ 为主观贴现率，δ 为跨期替代弹性的倒数，β 为私人产品在家庭总支出中的份额，并且$\frac{\partial U}{\partial c}>0$，$\frac{\partial U}{\partial G_c}>0$。

代表性家庭的生产函数如(3)所示：

$$y(t)=Ak(t)^{1-\alpha}G(t)_p^{1-\alpha} \qquad A>0,0<\alpha<1 \tag{3}$$

其中，y 为人均产出，A 为生产系数，k 为人均资本，$1-\alpha$ 为人均资本的产出弹性，$G_p(t)$为生产性支出。

假设资本折旧率为零，那么家庭的资源约束如(4)所示：

$$k(t)=(1-\tau)y(t)-c(t) \tag{4}$$

政府通过对产出征税为生产性支出和消费性支出融资，执行平衡预算，其预算方程为：

$$\tau y(t)=G(t)=G_p(t)+G_c(t) \tag{5}$$

其中，τ 表示税率，$G(t)$表示政府支出。令政府支出中 $G_p(t)$所占的份额为 s，可以得到：

$$\tau y(t)=G(t)=G_p(t)+G_c(t)=s\tau y(t)+(1-s)\tau y(t) \tag{6}$$

在 τ、s 给定的条件下,代表性家庭在(4)的约束下通过选择,实现终身效用最大化。

我们通过构造 Hamilton 现值函数来求解家庭的最优条件:

$$H=\frac{(c^{\beta}G_c^{1-\beta})^{1-\delta}}{1-\delta}\mathrm{e}^{-\rho t}+\lambda[(1-\tau)y(t)-c(t)] \tag{7}$$

其中,λ 为资本的影子价格,家庭最优的一阶条件为:

$$\frac{\partial H}{\partial c}=\beta(c^{\beta}G_c^{1-\beta})^{-\delta}c^{\beta-1}G_c^{1-\beta}\mathrm{e}^{-\rho t}-\lambda=0 \tag{8}$$

$$\frac{\partial H}{\partial k}=-\dot{\lambda} \tag{9}$$

横截性条件为:

$$\lim_{t\to\infty}\lambda(t)k(t)\mathrm{e}^{-\rho t}=0 \tag{10}$$

$$[\beta(1-\delta)-1]\frac{\dot{c}}{c}+(1-\beta)(1-\delta)\frac{\dot{G}_c}{G_c}-\rho=-(1-\tau)A^{\frac{1}{1-\alpha}}(st)^{\frac{\alpha}{1-\alpha}} \tag{11}$$

在平衡增长路径时,$\frac{\dot{c}(t)}{c(t)}=\frac{\dot{G}_c(t)}{G_c(t)}=\frac{\dot{y}(t)}{y(t)}=\gamma^*$,化简(11)可得:

$$\gamma^*=\frac{(1-\tau)A^{\frac{1}{1-\alpha}}(s\tau)^{\frac{\alpha}{1-\alpha}}-\rho}{\delta} \tag{12}$$

命题 1 平衡经济增长率 γ^* 是 s 的增函数,τ 对 γ^* 的净效应具有不确定性。

证明:(12)对 τ、s 求偏导可得:

$$\frac{\partial\gamma^*}{\partial\tau}=\frac{A^{\frac{1}{1-\alpha}}(s\tau)^{\frac{\alpha}{1-\alpha}}}{\delta(1-\alpha)\tau}(\alpha-\tau) \tag{13}$$

当 $\tau>\alpha$ 时,$\frac{\partial\gamma^*}{\partial\tau}<0$;当 $\tau<\alpha$ 时,$\frac{\partial\gamma^*}{\partial\tau}>0$。

$$\frac{\partial\gamma^*}{\partial s}=\frac{\alpha}{\delta(1-\alpha)\tau}(1-\tau)A^{\frac{1}{1-\alpha}}(s\tau)^{\frac{2\alpha-1}{1-\alpha}}>0 \tag{14}$$

命题 1 表明政府支出的结构效应不容忽视,s 越大,政府支出对产出的正效应越强。这就引出了命题 2。

命题 2　如果政府以增长率最大化为目标，税率 τ 的最优值为 α，生产性支出份额 s 的最优值为 1。

证明：令 $\frac{\partial\gamma^*}{\partial\tau}=0$，可得 $\tau=\alpha$

又 $\frac{\partial\gamma^*}{\partial s}=\frac{\alpha}{\delta(1-\alpha)\tau}(1-\tau)A^{\frac{1}{1-\alpha}}(s\tau)^{\frac{2\alpha-1}{1-\alpha}}>0$，并且 $s\in[0,1]$，所以当 $s=1$ 时，γ^* 最大。

命题 2 表明当税率等于人均资本的产出弹性，且政府支出都为生产性支出时，经济增长率最大化。命题 2 的政策含义是政府可以通过调整税率和支出结构影响经济增长。该命题能解释我国各级政府在分税制改革之后热衷于以基础设施建设为代表的生产性支出的原因：由于税收的立法权集中在中央政府，地方政府只能通过增加生产性支出提高私人资本的边际产量，吸收更多的增量资本，促进经济增长。

由于初始资本存量为 $k(0)$，所以

$$c(0)=(1-\tau)y(0)-\gamma^*k(0)=k(0)\left[(1-\tau)A^{\frac{1}{\alpha}}(s\tau)^{\frac{\alpha}{1-\alpha}}-\gamma^*\right] \tag{15}$$

$$G_c(0)==k(0)\tau(1-s)A^{\frac{1}{\alpha}}(s\tau)^{\frac{\alpha}{1-\alpha}} \tag{16}$$

将(12)代入(15)可得：

$$c(0)=k(0)[\gamma^*(\delta-1)+\rho] \tag{17}$$

将(17)代入(2)可得：

$$U=\frac{[c(0)^{\beta}G(0)_c^{1-\beta}]^{(1-\delta)}}{(1-\delta)[\rho-\gamma^*(1-\delta)]}+\frac{1}{(1-\delta)\rho} \tag{18}$$

将(16)、(17)代入(18)可得：

$$U=\frac{k(0)^{(1-\delta)}[\gamma^*(\delta-1)+\rho]^{\beta(1-\delta)}\left[\tau(1-s)A^{\frac{1}{\alpha}}(s\tau)^{\frac{\alpha}{1-\alpha}}\right]^{(1-\beta)(1-\delta)}}{(1-\delta)[\rho-\gamma^*(1-\delta)]} \tag{19}$$

由(19)可知 $U=U(\gamma^*(s,\tau),s,\tau)$，对 s 求导可得：

$$\frac{\partial U}{\partial s}=\frac{\partial U}{\partial\gamma^*}\frac{\partial\gamma^*}{\partial s}+\frac{\partial U}{\partial s} \tag{20}$$

由(20)可以得到命题3。

命题3 政府支出通过收入效应和替代效应影响私人消费,私人消费水平是收入效应和替代效应相互作用的结果。其中,收入效应指增加 s 提高居民收入,增加私人消费。替代效应指 s 增加导致 G_C 减少,家庭需要减少私人消费为消费性公共产品融资。

由(20)我们可以发现,政府支出通过收入效应和替代效应影响私人消费,私人消费是收入效应和替代效应相互作用的结果。私人消费的变化取决于生产性支出增加带来的家庭收入的增量与为了弥补消费性公共产品供给缺口而增加的预防性储蓄之间的净额。如果前者大于后者,则私人消费上升,反之则下降。

通过命题2和命题3我们可以发现,s 对经济增长具有单调递增效应,对代表性家庭的效用水平不具有单调递增效应。这意味着不同目标的政府对支出结构的决策准则各异,追求增长率最大化的政府以生产性支出份额最大化为准则,追求代表性家庭效用最大化的政府会权衡收入效应和替代效应。政府追求经济增长的激励越强,其扩大生产性支出份额的偏好也越强,傅勇、张晏(2007)也得出了类似的观点。

命题4 在生产性支出份额 s 既定的条件下,私人产品占总消费的比重 β 与代表性家庭的效用正相关。

命题4成立的原因是:β 反映了私人产品对代表性家庭效用的贡献。β 越大,表明消费性公共产品的贡献较小,这会降低生产性支出增加所导致的消费性公共产品供给下降给家庭带来的负面效应,减弱替代效应的程度。

由于替代效应的存在,s 对居民的效用水平进而对消费的直接效应小于0,但由于 $\frac{\partial U}{\partial \gamma^*}>0$,并且 $\frac{\partial \gamma^*}{\partial s}>0$,所以 $\frac{\partial U}{\partial \gamma^*}\frac{\partial \gamma^*}{\partial s}>0$。因此,$s$ 对代表性家庭的效用不具有单调性。

由于根据(19) 无法求得 s 的显示解,本章将运用 MATLAB 7.0 软件,通过数值模拟分析政府支出结构与代表性家庭效用之间的关系。根据 Turnovsky (2000)、郭庆旺、贾俊雪(2005)的研究,取如下的基准参数值:$\delta=0.01$,$\tau=0.5$,$\alpha=0.5$,$A=1$,$\rho=0.02$,$\beta=0.6$,然后改变 β 的值,以分析私人消费份额、政府支出结构和代表性家庭效用水平之间的关系。

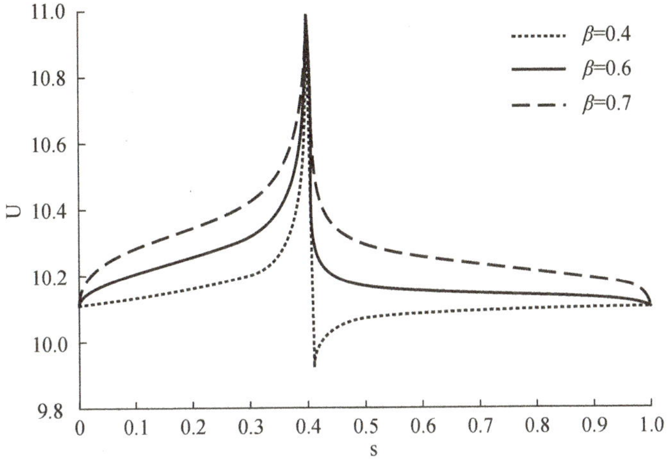

图 3-1 政府生产性支出份额与代表性家庭效用关系示意图

由图 3-1 我们可以发现，当 $s=0$ 或 $s=1$ 时，代表性家庭的效用水平基本相同。这是因为代表性家庭的效用由私人产品和消费性公共产品的消费量共同决定。其中，私人产品的消费量由收入决定，而这受生产性支出水平的影响。消费性公共产品的消费量则由消费性支出决定。当 $s=0$ 时，私人资本的边际产量没有达到最优，进而导致由代表性家庭的收入所决定的私人产品的消费量没有达到最优。当 $s=1$ 时，虽然经济体的产量可以实现最大，但是由于消费性公共产品供给没有达到最优，代表性家庭需要通过降低私人产品的消费量为公共产品融资。由(19)可知，当 $s=0$ 或 $s=1$ 时，代表性家庭的效用水平都为 $\frac{1}{(1-\delta)\rho}$，这是由外生变量决定的。图 3-1 表明，代表性家庭的效用水平与生产性支出份额的关系不是单调的，而是存在一个最优水平。由此我们可以得到假说 1。

假说 1 当 s 处于较低水平时，收入效应大于替代效应，代表性家庭的效用是 s 的增函数，c 随着 s 的增加而增加；当 s 达到最优后，替代效应大于收入效应，代表性家庭的效用是 s 的减函数，c 随着 s 的增加而减少。

由于生产性支出和消费性支出分别通过收入效应和替代效应影响私人消费，并且假说 1 表明生产性支出份额与私人消费不是呈现单调关系，那么政府支出与私人消费的关系并不仅由政府支出的规模决定，政府支出结构也是影响两者关系的重要因素。政府支出与私人消费之间不是线性关系，而呈现非线性关系。由此得出假说2。

假说 2 政府支出与私人消费不是呈线性关系，而是呈倒“U”形关系。如果政府支出规模不变，当 s 小于最优值，随着 s 的增加，政府支出与私人消费呈互补关系；当 s 大于最优值，随着 s 的增加，政府支出与私人消费呈替代关系。如果 s 不变，政府支出规模的增加不会改变政府支出与私人消费的关系。如果 s 增加，政府支出规模的增加会加快政府支出与私人消费的关系从互补转向替代。

基于以上分析得出的假说，我们将以我国1995—2009年的省际面板数据为样本，运用固定效应的方法估计模型(21)—(31)，对政府支出与私人消费的关系及作用机制进行实证检验。

3.3 计量模型、指标选取和数据来源

本章运用模型(21)—(25)检验假说2。模型(21)对政府支出规模与私人消费的关系进行实证检验,模型(22)检验政府支出规模对私人消费的边际贡献。模型(23)、(24)和(25)依次考查了财政分权的直接效应和间接效应。Graham(1993)和Tsung-wu(2001)指出,可支配收入在决定私人消费方面起决定作用,如果忽略可支配收入,会削弱模型的解释力。因此本章所有的模型都将居民可支配收入纳入解释变量。为了检验实证结果的稳健性,在模型(21)—(25)中加入了控制变量 X_{it}。

$$conper_{it}=\alpha_0+\beta_1*geshare_{it}+\beta_2*income_{it}+\Phi*X_{it}+\varepsilon_{it} \tag{21}$$

$$conper_{it}=\alpha_0+\beta_1*geshare_{it}+\beta_2*geshare_{it}^2+\beta_3*income_{it}+\Phi X_{it}+\varepsilon_{it} \tag{22}$$

$$conper_{it}=\alpha_0+\beta_1*geshare_{it}+\beta_2*geshare_{it}^2+\beta_3*income_{it}+\beta_4*FD_{it}+\Phi X_{it}+\varepsilon_{it} \tag{23}$$

$$conper_{it}=\alpha_0+\beta_1*geshare_{it}+\beta_2*income_{it}+\beta_3*FD_{it}+\beta_4*FD*geshare_{it}+\Phi X_{it}+\varepsilon_{it} \tag{24}$$

$$conper_{it}=\alpha_0+\beta_1*geshare_{it}+\beta_2*geshare_{it}^2+\beta_3*income_{it}+\beta_4*FD_{it}+\beta_5*FD*geshare_{it}+\Phi X_{it}+\varepsilon_{it} \tag{25}$$

本章运用模型(26)—(31)检验假说1。模型(26)、(27)、(28)和(29)分别对生产性支出份额和消费性支出份额与私人消费的关系进行检验,模型(30)和(31)则将生产性支出份额和消费性支出份额同时纳入回归方程。

$$conper_{it}=\alpha_0+\beta_1*geshare_{it}+\beta_2*pro\_geshare_{it}+\beta_3*income_{it}+\varepsilon_{it} \tag{26}$$

$$conper_{it}=\alpha_0+\beta_1*geshare_{it}+\beta_2*pro\_geshare_{it}+\beta_3*income_{it}+\Phi X_{it}+\varepsilon_{it} \tag{27}$$

$$conper_{it}=\alpha_0+\beta_1*geshare_{it}+\beta_2*con\_geshare_{it}+\beta_3*income_{it}+\varepsilon_{it} \tag{28}$$

$$conper_{it}=\alpha_0+\beta_1*geshare_{it}+\beta_2*con\_geshare_{it}+\beta_3*income_{it}+\Phi X_{it}+\varepsilon_{it} \tag{29}$$

$$conper_{it}=\alpha_0+\beta_1*geshare_{it}+\beta_2*pro\_geshare_{it}+\beta_3*con\_geshare_{it}+\beta_4*income_{it}+\varepsilon_{it} \tag{30}$$

$$conper_{it}=\alpha_0+\beta_1*geshare_{it}+\beta_2*pro\_geshare_{it}+\beta_3*con\_geshare_{it}+\beta_4*income_{it}+\Phi X_{it}+\varepsilon_{it} \quad (31)$$

本章以1995—2009年除西藏、重庆、四川之外的28个省份的数据为样本。在上述回归模型中，下标 i 和 t($t=1995,\cdots,2009$)分别表示第 i 个省份第 t 年的观测值。本章的数据主要来源于《中国统计60年》《中国统计年鉴2010》和部分省市的统计年鉴。具体变量如下：

$conper_{it}$ 代表人均消费的对数值，是被解释变量，为了剔除价格的影响，本章通过居民消费价格指数(CPI)对每年人均消费进行价格调整(1978年CPI=100)，以保证数据的可信度。

$geshare_{it}$ 代表政府支出规模，用政府支出总额占GDP的比重来衡量。如前所述，生产性支出和消费性支出的增长都可以促进私人消费，预期符号为正。本章将通过引入 $geshare_{it}^2$ 考查政府支出对私人消费边际贡献的变化趋势。由于不同功能的政府支出对私人消费的影响不同，因此合意的政府支出结构十分重要。而我国政府支出结构扭曲，预期符号为负。

$pro\_geshare_{it}$ 代表政府生产性支出的份额，用生产性支出占政府支出的比重表示①。从收入效应的角度考虑，预期回归的符号为正。但是如果从替代效应的角度考虑，预期符号为负。最终的符号取决于两者的净效应。

$con\_geshare_{it}$ 代表政府消费性支出的份额，用消费性支出占政府支出的比重表示②。从替代效应的角度考虑，预期符号为正。

$income_{it}$ 代表人均可支配收入，本章按

$$人均可支配收入=\frac{城镇人均可支配收入*城镇人口+农村人均纯收入*农村人口}{城镇人口+农村人口}$$

来计算该变量。不论是绝对收入假说还是持久收入假说，它们都指出私人消费与收入正相关，因此预期回归符号为正。

① 根据我国的统计口径，2007年以前的生产性支出包括基本建设、企业挖潜改造资金、简易建筑费、科技三项费用、支援农业生产、农林水利气象部门事业费、工业交通部门事业费、商业部门事业费、科学事业费、公检法支出和农业综合开发支出。2007年以后，生产性支出包括科学技术、农林水事务、交通运输和金融监管支出。

② 根据我国的财政支出统计口径，1995—1997年消费性支出为文教卫生事业经费，1998—2006年包括教育事业费、卫生经费和社会保障支出，2007年以后包括教育、社会保障和就业以及医疗卫生的支出。

FD_{it}代表财政分权的分权程度，本章从支出方面度量财政的分权度，即：

$$FD_{it}=\frac{\text{人均省级政府预算内支出}}{\text{人均省级政府预算内支出}+\text{人均中央预算内支出}}$$

分权与经济增长正相关，而经济增长会促进居民收入和私人消费的增加，预期符号为正。此外，分权会影响政府支出结构，因此本章引入交互项 $FD*geshare$ 衡量分权通过政府支出的间接效应对私人消费的影响。中国式分权下，分权程度越高，政府支出扭曲的程度越高，对私人消费的挤出效应愈大，预期符号为负。

Chenery(1975)指出，经济发展阶段是影响私人消费水平的重要因素，而工业化、FDI(沈坤荣、耿强，2001；江锦凡，2004；姚树洁等，2006)和对外贸易(沈坤荣、李剑，2003)是影响我国经济增长的重要变量，此外，人口的年龄结构也是居民储蓄行为的因素(Modigliani & Brumberg，1954；Samuelson，1958；Neher，1971)。为了控制经济发展阶段和人口结构对私人消费的影响，本章引入了控制变量 X_{it}，包括：

工业化程度($indshare_{it}$)，为度量地区工业化程度的指标，用工业增加值占GDP的比重来衡量。工业化程度越高，经济发展程度越高，私人消费也越高，预期符号为正。

人口结构(pop_stru_{it})为度量人口结构的指标，用15—64岁人口占总人口的比重来衡量。该变量反映人口结构对私人消费的影响，该变量越大，劳动力的投入会增加，经济增长速度会提高，私人消费增加。但 Modigliani & Brumberg (1954)指出，该年龄段人口的比例增加，居民储蓄率会增加，消费率下降，预期符号为负。因此，预期符号具有不确定性。

经济开放程度($open_{it}$)，用进出口总额占GDP的比重来衡量。经济开放程度越高，经济增长率越高，私人消费愈高，预期符号为正。

FDI投资份额($FDIshare_{it}$)为FDI对地区经济影响程度的指标，用FDI占GDP的比重来衡量。FDI能通过促进经济增长进而促进私人消费，然而FDI对国内投资的挤出效应以及跨国公司将我国的企业锁定在利润率较低的环节并不利于私人消费的增长，因此，预期符号具有不确定性。

3.4 实证结果分析

3.4.1 政府支出规模与私人消费的关系及成因

表 3-1 政府支出规模与私人消费关系的实证检验

被解释变量：*conper*

解释变量 \ 模型	(21)	(22)	(23)	(24)	(25)
geshare	1.147*** (0.179)	2.649*** (0.603)	2.587*** (0.606)	1.848*** (0.289)	2.401*** (0.607)
geshare^2		−3.049*** (1.169)	−3.023** (1.169)		−1.396 (1.346)
FD			0.038 (0.039)	0.171*** (0.055)	0.147** (0.06)
*FD** geshare				−0.753*** (0.222)	−0.618** (0.258)
income	0.753*** (0.030)	0.719*** (0.032)	0.720*** (0.032)	0.749*** (0.029)	0.734*** (0.033)
indshare	0.510*** (0.149)	0.605*** (0.153)	0.567*** (0.157)	0.367** (0.155)	0.430** (0.167)
FDIshare	−0.08 (0.296)	−0.168 (0.296)	−0.224 (0.302)	−0.348 (0.304)	−0.350 (0.304)
open	0.150*** (0.034)	0.148*** (0.033)	0.142*** (0.034)	0.187*** (0.036)	0.179*** (0.037)
pop_stru	1.024*** (0.382)	0.844** (0.385)	0.886** (0.388)	1.060*** (0.379)	0.978** (0.387)
cons	−0.703*** (0.230)	−0.674*** (0.228)	−0.715*** (0.232)	−0.824*** (0.232)	−0.796*** (0.233)
R^2-within	0.944 0	0.945 0	0.945 1	0.945 8	0.945 9

注：* 表示 10%的显著水平，** 表示 5%的显著水平，*** 表示 1%的显著水平。

表 3-1 中，模型(21)估计的结果表明，政府支出规模的系数显著为正——政府支出与私人消费呈现互补关系，政府支出规模增加一个单位，私人消费增加 1.147%。这与李广众(2005)，李永友、从树海(2006)的结论一致。与上述研究

不同，本章进一步考察了政府支出对私人消费边际贡献的变化趋势，表 3-1 中的模型(22)和(23)估计的结果都表明，政府支出规模与私人消费之间并不是单纯的线性关系，而是显著的倒“U”形关系。在政府支出规模未达到最优规模之前，政府支出和私人消费呈互补关系；达到最优规模之后，两者呈替代关系。其原因可能是：

第一，税收的负效应。税收是政府融资的重要渠道，政府支出规模的增加将导致税收的增加，而税收的扭曲效应和收入分配效应给私人消费带来不利的冲击。Barro(1990)指出，当政府支出规模较小时，税率较低，政府支出与经济增长正相关；当政府支出规模较大时，高税率会降低私人资本积累的激励，政府支出与经济增长负相关。郭庆旺、吕冰洋(2004)认为，税收降低了经济增长率和税后单位资本的产出水平，并且中西部地区税收增长对经济增长的冲击高于东部地区的冲击。经济增长率的下降会导致失业增加，收入下降，私人消费减少。同时，在中国现阶段的经济制度和税收结构下，流转税类、所得税类、资源税类和财产税类份额的增加会扩大资本所有者和劳动所有者之间的收入差距(李绍荣、耿莹，2005)。由于边际消费倾向递减，在收入增长下降的背景下，收入差距的扩大进一步降低了社会总体的边际消费倾向，导致私人消费下降。

第二，分权的激励效应。分权对私人消费的偏效应包括两部分：一是分权的直接影响，二是依赖政府支出规模的间接影响。首先，表 3-1 中模型(24)和(25)的估计结果都表明分权的系数显著为正——财政分权程度每提高一个单位，私人消费分别增长 0.171%和 0.147%。之所以产生这种现象，是由于分权程度与经济增长正相关(林毅夫、刘志强，2000；张晏、龚六堂，2005)，而经济增长会促进私人消费的增加。其次，分权改变了政府面临的激励，这将改变政府支出结构，即：分权和政府支出规模相互作用，进而影响私人消费，为此我们将财政分权与政府支出规模的交互项 $FD * geshare_{it}$ 引入实证分析模型。如表 3-1 中模型(24)和(25)所示，分权与政府支出规模的交互效应系数显著为负——与分权和政府支出规模单独增加一个单位相比，两者同时增加会导致私人消费分别多减少 0.753%和 0.618%。以(25)为例，对 $geshare_{it}$ 和 FD_{it} 分别求偏导可得：

$$\frac{\partial conper_{it}}{\partial geshare_{it}}=2.401-2.792*geshare_{it}-0.618*FD_{it} \tag{32}$$

$$\frac{\partial conper_{it}}{\partial FD_{it}}=0.147-0.618*geshare_{it} \tag{33}$$

(32)表明分权程度的提高会降低政府支出规模对私人消费的边际贡献，而(33)表明政府支出规模的增加也会削弱分权对私人消费的边际贡献，这也就意味着分权和政府支出规模的交互作用不利于私人消费的增长。为什么会出现这种情况呢？

表 3-2　政府生产性支出份额与私人消费关系的实证检验

被解释变量：conper

解释变量 \ 模型	(26)	(27)	(28)	(29)	(30)	(31)
geshare	1.217*** (0.186)	1.275*** (0.180)	1.000*** (0.190)	1.069*** (0.184)	1.185*** (0.197)	1.240*** (0.191)
pro_geshare	−0.300*** (0.086)	−0.290*** (0.083)			−0.284*** (0.093)	−0.272*** (0.089)
con_geshare			0.210* (0.125)	0.215* (0.121)	0.064 (0.132)	0.075 (0.128)
income	0.831*** (0.022)	0.717*** (0.031)	0.855*** (0.021)	0.739*** (0.031)	0.829*** (0.022)	0.715*** (0.031)
indshare		0.471*** (0.148)		0.491*** (0.149)		0.467*** (0.148)
FDIshare		−0.026 (0.293)		−0.119 (0.296)		−0.043 (0.294)
open		0.152*** (0.033)		0.154*** (0.034)		0.154*** (0.033)
pop_stru		1.036*** (0.377)		0.989** (0.382)		1.024*** (0.378)
cons	0.151*** (0.054)	−0.552** (0.231)	−0.018 (0.030)	−0.688*** (0.229)	0.139** (0.059)	−0.557** (0.231)
R^2-within	0.940 4	0.945 7	0.939 0	0.944 4	0.940 4	0.945 8

注：* 表示 10%的显著水平，** 表示 5%的显著水平，*** 表示 1%的显著水平。

从政府支出的构成来看，表 3-2 的模型(26)、(27)、(30)和(31)的估计结果表明，生产性支出份额的符号显著为负，模型(28)和(29)的估计结果则表明消费性支出份额的符号显著为正。这意味着如果要促进私人消费的增长，政府应该降低生产性支出的份额，而增加私人消费的份额。

我国的分权与垂直的政治治理体制相结合，地方政府是具有“多任务”的代理人，除了发展经济，还需要提供教育、医疗等公共产品。由于GDP既是政府履行其他任务的基础，又容易考核，因此GDP成为官员考核机制的主要指标(Li & Zhou,2005)。Holmstrom & Paul(1991)指出，如果激励只侧重在某一可测度的维度或任务，将会导致努力向这一维度倾斜。在分权的制度环境中，短期内实现GDP的快速增长是政府支出结构确定的准则，而在目前我国的经济增长模式中，投资的贡献是相当大的。2009年我国的GDP增长8.7%，仅资本形成对GDP增长的拉动就高达8%，对GDP的贡献率则高达92.3%[①]。因此，以固定资产投资为代表的生产性支出成为首选，并且这种支出偏好具有很强的路径依赖性，这引起政府支出的结构发生扭曲：

第一，重生产性支出，轻消费性支出。我国严重的地方保护主义造成的市场分割导致出口成本低于国内销售成本(朱希伟等，2005)以及出口的经济增长效应[②](林毅夫、李永军，2003；Li Cui等，2009)，出口成为各地促进经济增长的首要选择。外商投资企业在出口中的份额从1981年的0.15%增加到2007年的57.1%，因此，政府间展开了吸引FDI的竞赛。Heine(2006)指出，流动性强的个体拥有退出选择，他们不关心政府是否能够提供保护性的公共产品和服务，他们更关心政府是否能有效地提供生产性服务。Keen & Marchand(1997)、Yingyi & Gerard(1998)指出，为了争夺有限的资本，政府会迎合跨国公司的偏好，增加生产性支出，由于各种功能的政府支出之间存在竞争性和替代性，这导致消费性公共产品供给下降。如图3-2和图3-3所示，随着分权程度的提高，生产性支出份额不断增加，而消费性支出份额不断下降。这表明，财政分权导致了政府支出结构的扭曲，傅勇、张晏(2007)的研究也证明了这一点。这种政府支出的偏好导致基本建设支出过度供给，政府供给的消费型公共服务低于居民实际偏好的需求水平的可能性将增大(龚锋、卢洪友，2009)。

---

① 参见国家统计局统计公报 http://www.stats.gov.cn/tjfx/jdfx/t20100202_402619049.html.相关内容。

② 林毅夫(2003)指出，出口的增长除了直接推动经济增长之外，还对消费、投资、政府支出、进口造成影响，间接刺激经济增长，他认为，从20世纪90年代至2000年外贸出口每增长10%，就能推动GDP增长1%。Li Cui等(2009)指出，如果出口下降10%，GDP平均增长率会下降2.5%。

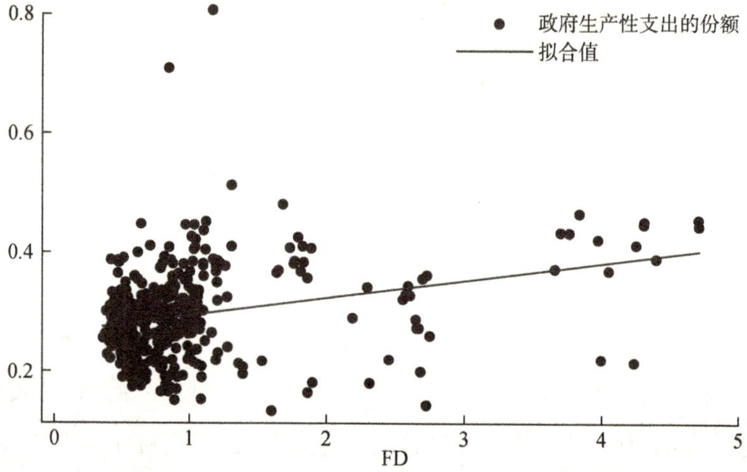

图 3-2　生产性支出份额与财政分权关系示意图

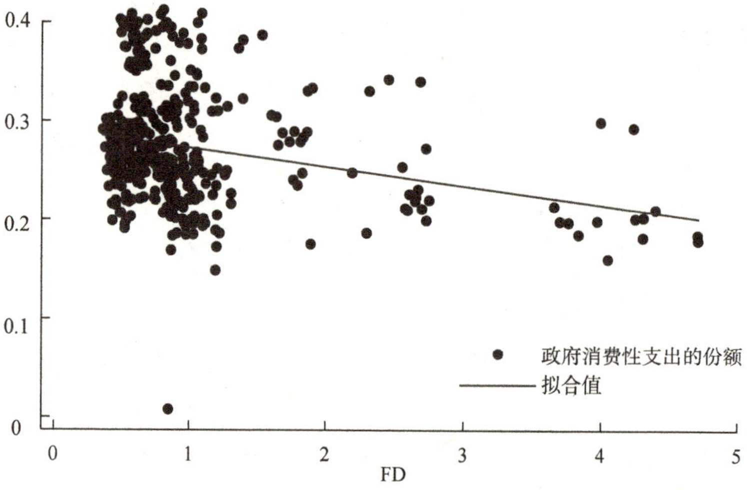

图 3-3　消费性支出份额与财政分权关系示意图

表 3-3 表明地方政府是消费性公共产品主要的供给者,其支出偏好决定了该地区消费性公共产品的丰裕程度。消费性公共品供给与政府面临的激励不相容,消费性公共产品供给不足。龚锋、卢洪友(2009)指出,随着财政分权程度的提高,政府供给的消费型公共服务特别是教育以及抚恤与救济服务的水平低于居民实际偏好的需求水平的可能性将增大。West & Christine(1995)指出,财政分权导致我国卫生和教育等政府支出减少,贫困地区居民的福利状况明显变化。

表 3-3　消费性公共产品供给份额表

	国家财政	中央财政	地方财政	中央所占比重	地方所占比重
教育	9 010.21	491.63	8 518.58	5.46%	94.54%
社会保障和就业	6 804.29	344.28	6 460.01	5.06%	94.94%
医疗卫生	2 757.04	46.78	2 710.26	1.70%	98.30%

数据来源：中国统计年鉴 2009

在收入既定的条件下，增加消费性公共产品支出必然会导致私人消费的降低。如表 3-4 所示，居民用于购买医疗服务的支出增长迅速，2007 年居民个人现金卫生支出占卫生费用的比重高达 45%，这远高于 2000 年 38.2%的世界平均水平。面对高昂的、供给不足且缺乏弹性的消费性公共产品预期支出，家庭只能通过预防性储蓄来融资。Marcos & Eswar(2010)指出，对教育和医疗需求最高的青年人和老年人在我国各年龄段中储蓄率最高。

表 3-4　居民医疗支出变化趋势表

	次均就诊费用			次均住院费用		
	合计	城市	农村	合计	城市	农村
1998 年可比价(元)	65	123	46	2 515	4 489	1 526
2008 年可比价(元)	151	282	112	4 531	8 085	3 238

数据来源：第四次国家卫生服务调查 http://politics.people.com.cn/GB/101380/8882245.html

第二，出口的“贫困化增长”导致政府支出的收入效应传导不畅，居民可支配收入的增速滞后于 GDP 的增速①。虽然政府支出中很大的份额都服务于出口，但我国加入全球价值链的方式导致出口对增加居民收入贡献不高。在我国出口产品中，技术含量高的产品如电脑、电子设备、通讯设备等国内创造的价值较低，而相对技术含量低的产品如服装，国内创造的价值较高(Koopman 等，2008)。第二次全国经济普查结果显示，广东东莞制造业的销售利润率仅为 2.49%，各代工企业的毛利率普遍位于 5%—11%。企业利润率不断下降导致作为居民可支配收入重要来源的工资的涨幅有限。

如果追求居民福利最大化，政府会增加研发投入，增强本土创新能力以摆脱

① 从 1979 年到 2008 年，我国 GDP 年均增长 9.8%，同期城镇居民人均可支配收入在扣除同期价格变动因素后，年均增长 7.2%，农村居民人均纯收入扣除价格因素后年均实际增长 7.1%。

"贫困化增长"。但是政府所面临的激励,导致其摆脱"贫困式增长"的动力不足,我国的经济增长仍然被锁定在原有的增长模式。如图 3-4 所示,随着我国出口的增加,政府对基础设施的投入不断增加,对科技的投入增长缓慢。FDI 主导出口导致我国原始创新能力下降较为明显,实用型技术成为我国创新能力的主体①。这种模式促进了出口和 GDP 的增长,但进一步恶化了我国出口的回报率,加大了居民可支配收入与 GDP 增速之间的背离。以富士康为例,尽管其营业额持续上升,但营业净利率从 2005 年的3.25%跌至 2009 年的 1.75%②。如图 3-5 所示,随着出口占 GDP 的比重不断增加,人均 GDP、城镇居民的可支配收入和农村居民的纯收入之间的离差越来越大。

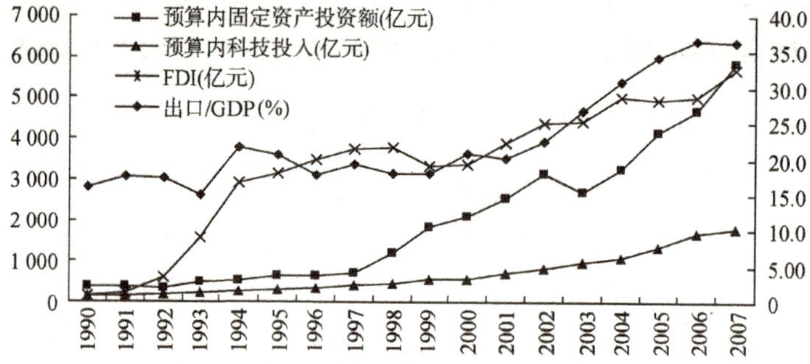

图 3-4 出口与政府支出变化趋势图

数据来源:中国统计年鉴(1990—2008)

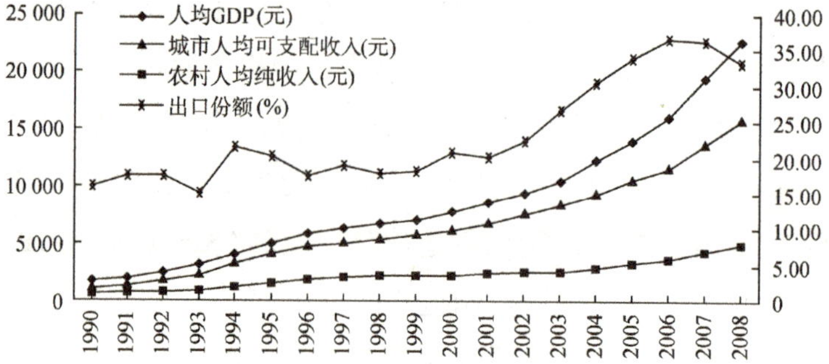

图 3-5 出口与收入变化趋势图

数据来源:中国统计年鉴(1990—2009)

① 据统计,1985 年发明专利授予量占专利授予总量的 43.19%,实用新型专利占 53.95%,外观设计占 2.86%;2008 年发明专利授予量仅占专利授予总量的 13.22%,实用新型专利占 49.71%,外观设计占 37.07%。

② 参见《新财富》2010 年 8 月 24 日 http://www.p5w.net/newfortune/texie/201008/t3146938.html.相关内容。

如图 3-6 所示，政府面临的激励导致政府支出发生扭曲。生产性支出以增加出口为目标，我国加入全球价值链的方式决定了出口对 GDP 的贡献远大于对居民收入的贡献。政府支出中生产性支出份额高于合意水平，生产性支出过高导致消费性公共产品供给不足，但生产性支出给居民带来的收入增量不足以弥补消费性公共产品供给不足所带来的预防性储蓄的增量，家庭只能通过降低消费来为消费性公共产品融资。政府支出正的收入效应小于负的替代效应，导致经济增长与私人消费率下降共存。

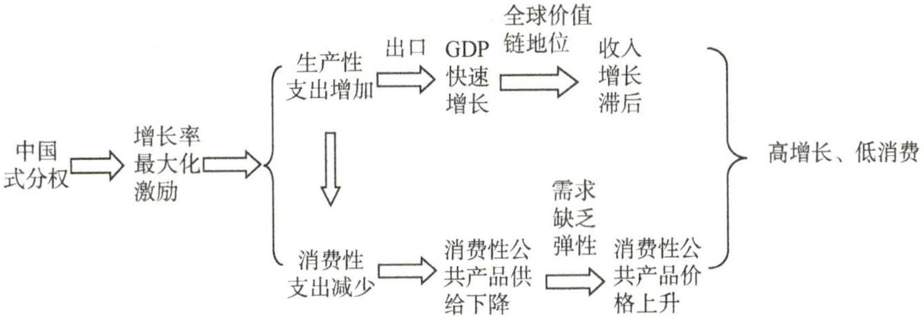

图 3-6　我国“高增长、低消费”形成机制示意图

因此，分权扭曲了政府支出结构，政府支出结构的锁定效应导致政府支出对私人消费的边际贡献递减，最终导致分权和政府支出规模的同时增加没有促进私人消费的增长。

3.4.2　生产性支出与私人消费的关系及成因

表 3-2 中，模型(26)、(27)、(30)和(31)的估计结果都表明，生产性支出的系数显著为负——生产性支出份额增加一个单位，私人消费分别减少 0.3%、0.29%、0.284%和 0.272%，这意味着生产性支出对私人消费具有挤出效应，具体机制如下：

第一，在政府支出总量既定的条件下，生产性支出增加导致消费性支出减少，消费性公共产品供给减少，居民不得不通过减少私人消费为消费性公共产品融资。《中国教育竞争力报告 2009》指出，2006 年我国的人均公共教育支出为 42 美元，美国为 2 684 美元，是中国的 63.9 倍。中国人均公共教育支出仅为人均 GDP

的0.82%,而美国、日本、韩国、俄罗斯、巴西分别为6.10%、4.28%、3.01%、1.87%、2.29%。2006年我国医疗支出占GDP的比重为4.7%,而同期世界的平均水平为9.8%,其中发达国家为11.2%,中等收入和低收入国家都为5.3%。消费性公共产品供给不足以及需求缺乏弹性,使得居民只能通过支付更高的价格来获取所需的公共产品和服务。居民用于购买医疗服务的支出增长迅速,2007年居民个人现金卫生支出占卫生费用的比重高达45%,远高于2000年38.2%的平均水平。

第二,FDI的挤出效应和锁定效应导致生产性支出的外溢效应无法充分实现,国内要素回报率增长缓慢。产出和私人消费的增长来自于私人部门的生产行为,政府生产性支出主要起服务作用。Glomm & Ravikumar(1997)指出,公共投资通过提供高速公路、水资源供给、机场和教育等具有正外部性的产品提高私人部门的生产效率。相较于从需求端促进GDP,提高私人资本的回报率,对于促进私人消费的增长更为重要。因此,充分的私人投资是发挥政府生产性支出外溢效应的前提。分权是各级地方政府所面临的重要激励,我国的分权表现出经济分权和垂直的政治管理相结合的特点,形成了以GDP为主的政绩考核体系(周黎安,2004),中央按照相对经济增长绩效来提拔官员(Li & Zhou,2005),因此,政府间展开了“自上而下的标尺竞争”。由于FDI不仅可以带来投资,还可以增加出口,这种对GDP增长的双重效用,使得吸引FDI成为各级政府发展地方经济优先选择的策略。薄文广(2006)、王永齐(2005)指出,FDI对国内投资具有挤出效应,朱轶、吴红宇(2010)指出,政府引资竞争所导致的FDI挤出效应在我国大部分地区均显著存在,并随着引资优惠强度的提升而增强。快速增长的FDI及其挤出效应意味着政府生产性支出所产生的正外部性更多地被跨国公司所享有,而这不利于提高国内生产要素的回报率。

除此之外,我国的出口是由跨国公司主导,其在我国出口中的份额从1981年的0.15%增加到2009年的55.9%。而在目前的技术条件下,发达国家的跨国公司主要集中于产品研发、系统集成以及市场营销等环节,我国依托廉价的劳动力和庞大的产能从事产品制造、组装等环节。在这种分工体系下,我国的出口企业最多可以对制造技术进行改良性创新,而非核心技术、关键技术创新。张杰等

(2008)利用江苏省发改委于 2005 年 6 月至 12 月对江苏省制造企业技术自主创新能力提升与产业升级的调查数据，发现在调查样本中，62.27％的代工企业进口关键制造设备、52.11％进口关键部件，21.83％进口产品设计。随着企业专注于代工业务，其用于代工的专用性投资会越来越多，资产专用性日趋变强，企业进行转型和升级的成本会越来越高，企业被出口锁定在低端的制造环节。由于企业难以向研发、品牌或销售渠道等高利润环节升级，并且代工市场的进入和退出壁垒比较低，企业之间竞争非常激烈(Sturgeon，2002)，代工企业在产品的利润分成中的议价能力很低，只能通过“贫困式增长”来实现发展。因此，FDI 的挤出效应从量上降低了生产性支出的外溢效应对国内生产要素回报率的提高，锁定效应压缩了国内要素回报率上升的空间。

3.5 结论

本章在 Barro(1990)的基础上，引入生产性支出的占政府支出的份额 s，分析政府支出与私人消费的作用机制。然后，以 1995—2009 年 28 个省份为样本，对政府支出与私人消费的关系及作用机制进行实证检验。具体结论如下：

第一，政府支出通过收入效应和替代效应影响私人消费。收入效应指 s 增加提高居民收入，促进私人消费增长。替代效应是指 s 增加 G_C 减少，家庭要通过减少私人消费为消费性公共产品融资。FDI 的挤出效应和锁定效应导致收入效应小于替代效应，生产性支出对私人消费具有挤出效应。生产性支出份额增加一个单位，私人消费分别减少 0.3%、0.29%、0.284%以及 0.272%。财政分权的激励效应导致政府形成了“重生产性支出，轻消费性支出”的偏好，而且在生产性支出中，政府更注重经济增长数量，而忽视了要素回报率的增长。

第二，生产性支出具有单调递增的增长效应，对代表性家庭的效用具有不确定性。生产性支出不同的经济效应，使得追求目标不同的政府的支出结构各异。追求增长率最大化的政府会最大化生产性支出，而追求代表性家庭福利最大化的政府会权衡收入效应和替代效应，确定最优的支出结构。

第三，当 s 处于较低水平时，收入效应大于替代效应，私人消费是 s 的增函数；当 s 达到最优后，替代效应大于收入效应，私人消费是 s 的减函数。实证研究表明，政府支出与私人消费呈现互补关系，政府支出规模增加一个单位，私人消费增加 1.147%。政府支出规模与私人消费之间并不是单纯的线性关系，而是显著的倒“U”形关系。

第四，中国式分权给各级政府设置了“以 GDP 增长为中心”的目标，在这种激励下，地方政府通过生产性支出吸引流动要素特别是 FDI，通过出口扩张促进经济增长。出口增长“贫困化”导致居民可支配收入增速滞后于 GDP 增速。生产性支出的增加导致消费性公共产品供给不足。供给不足和需求的刚性，使得居民只能通过减少私人消费为消费性公共产品融资。由于生产性支出带来的收入增幅小于家庭应对消费性公共产品冲击所需的收入水平，导致“高增长、低消费”共存。

第四章 政府支出对私人消费非线性效应的实证检验

4.1 引言

改革开放以来，我国经济增长迅速，GDP从1978年的3 605.6亿元增加到2013年的568 845.2亿元，人均GDP从1978年的381元增加到2013年的419 08元。如图4-1所示，投资占GDP的比重在逐年增加，而私人消费所占的比重却逐年下降，净出口在2007年达到最高值之后也逐年下降。投资持续驱动经济增长是以有市场依托为前提，出口自改革开放以来是我国产能的重要输出渠道。伴随着全球金融危机的深化和扩张，我国出口增长难以保持原有的高增长，在这种背景下，通过拓展私人消费以增加内部市场容量，不仅对于消化投资所形成的巨大产能具有非常重要的现

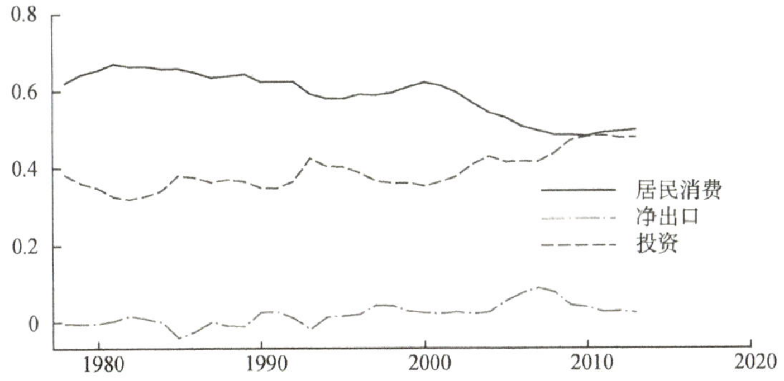

图4-1 中国GDP份额演化趋势图

数据来源：中国统计年鉴2013

实意义，也是居民分享我国经济增长成果的需要，同时也是新常态下经济增长方式转型的迫切要求。

政府支出是影响私人消费的重要因素，现有研究多从线性的视角对政府支出是挤出还是挤入私人消费进行了理论分析和实证检验，但没有取得一致的结论。本章以政府支出对私人消费的非线性作用为研究起点，通过变换门限变量，探讨政府支出对私人消费作用转换的临界条件以及转换方向。

现有政府支出与私人消费之间关系的文献遵循的研究路径是：首先，通过理论模型构建私人消费与政府支出的函数 $C=\beta f(G)$，其中，C 和 G 分别代表私人消费和政府支出。然后，运用计量经济学的方法估计参数 β 的值，如果 $\beta>0$，政府支出挤入私人消费；如果 $\beta<0$，政府支出挤出私人消费。Baily(1971)、Aschauer(1985)和 Tsung-wu(2001)等认为政府支出挤出私人消费，Karras(1994)和胡书东(2002)等认为政府支出挤入私人消费。上述研究建立在线性假设的基础之上，但研究结论的不一致也表明政府支出对私人消费具有非线性效应的可能性，即：在不同的子样本之间 β 会发生变化。学者们通过将样本划分为短期和长期(谢建国等，2002)、城镇和农村(李广众，2005；官永彬、张应良，2008；刘东皇、沈坤荣，2010)来寻找导致 β 变化的因素。谢建国等(2002)认为在短期内，政府支出挤入私人消费，但长期均衡时政府支出完全挤占消费支出。李广众(2005)对全国、城镇以及农村样本的估计说明，改革开放以来，政府支出挤入私人消费。刘东皇、沈坤荣(2010)认为政府支出对全国、城镇和农村居民消费都具有挤入效应。官永彬、张应良(2008)指出，政府支出对居民消费的效应呈现“二元结构”的特征。无论是总体上还是结构上，政府支出在长期内对城镇居民的引致效应都大于对农村居民的引致效应。在短期内，政府支出与农村居民消费并不存在显著格兰杰(Granger)因果关系。

上述研究尝试分析子样本的变化对 β 的影响，但在选择分割样本的变量时多依据经验，这种样本分割的方法既缺乏理论基础，同时也无法进行定量分析，导致现有研究无法探查到引发政府支出对私人消费非线性效应的因素及转换的临界值。

本章将用 Hansen(1999)提出的门限回归法，对政府支出对私人消费的非线性效应进行实证检验。与其他非线性效应实证检验方法相比，该方法具有如下优势：第一，门限变量的确定具有更强的经济学含义。门限回归法通过内生的方式确定门限变量，这为从作用机理的角度分析政府支出对私人消费非线性效应提供了方法上的可能。第二，门限值的确定更加科学。该方法通过“残差平方和最小化”的原则，确定相应门限变量的门限值，然后对门限效应的存在性进行检验、估计门限值及其置信区间。第三，更深入地分析政府支出对私人消费非线性效应的来源及表现。门限回归法在利用门限变量划分样本后，分别对不同子样本中政府支出对私人消费的边际效应进行估计，这有利于深化政府支出对私人消费非线性效应的表现及变化趋势的理解。

陈创练等（2010）运用门限面板回归的方法，对政府支出与私人消费的关系进行实证检验。本章将从以下几个方面对陈创练等（2010）的研究成果进行拓展：第一，以现有政府支出对私人消费作用机制的研究为基础，分析政府支出对私人消费非线性效应的来源。第二，引入生产性支出占政府支出的份额作为门限变量，检验支出结构给予政府支出对私人消费非线性效应的影响。第三，以经济发展水平和基础设施为门限变量，对生产性支出与私人消费的关系进行实证检验，进一步深化政府支出对私人消费非线性效应成因的理解。

本章的结构安排如下：首先，分析政府支出对私人消费非线性效应的来源，提出实证检验的假说；然后，介绍门限回归的主要思想、实证检验的模型、变量及数据来源；再次，对实证分析的结果及其成因进行解释；最后，进行总结。

4.2 研究假说：政府支出对私人消费非线性效应的来源

现有关于政府支出对私人消费作用机制的研究为非线性效应的来源提供了有益的视角。Barro(1981)认为，政府支出通过改变居民的永久收入、对私人消费的替代以及政府支出所带来的现在或未来的税率的变化等渠道影响私人消费。政府支出对私人消费的效应随着支出功能的差异也不一样：Fiorito & Kollintzas(2004)指出，政府在国防和公共安全领域的支出对私人消费具有替代效应，在健康和教育方面领域的支出对私人消费具有互补效应。石柱鲜等(2005)发现，政府投资、教育文化和行政管理支出挤入私人消费，经济建设支出挤出私人消费。张治觉、吴定玉(2007)指出，政府投资性支出挤出私人消费，政府转移性支出对私人消费具有引导效应。通过以上分析可以发现，融资规模和支出结构是影响政府支出影响私人消费的重要变量。因此，本章将从这几个方面来分析政府支出对私人消费非线性效应的来源。

第一，融资规模。收入是影响私人消费的核心变量，政府支出通过增长效应和税收效应来影响收入。增长效应是指政府支出通过促进经济增长而增加居民收入，居民收入是经济发展水平的增函数，政府支出可以通过提供基础设施等方式促进经济增长，Barro(1991)指出，政府支出与经济增长正相关。但作为增长效应代价的税收会对居民收入产生以下影响：一方面，税收的增加会导致居民可支配收入的现值下降(Baxter & King，1993)。另一方面，当政府支出规模较小时，税率较低，政府支出与经济增长正相关；当政府支出规模较大时，高税率会降低私人资本积累的激励，政府支出与经济增长负相关(Barro，1990)。这意味着当政府支出的融资规模较小时，增长效应大于税收效应，政府支出挤入私人消费。当政府支出的融资规模较大时，税收效应大于增长效应，政府支出挤出私人消费。

第二，支出结构。王明成(2012)指出，政府支出通过收入效应和替代效应影响私人消费。私人消费的变化取决于生产性支出增加带来的家庭收入的增量与为了弥补消费性公共产品供给缺口而增加的预防性储蓄之间的净额。如果前者大于后者,私人消费上升,反之则下降。由此,我们可以发现在既定的支出规模下,支出结构的差异会影响政府支出对私人消费的效应。如果支出结构保持在合意水平,此时政府支出对私人消费的效应主要取决于政府支出对居民收入的效应。如果支出结构偏离合意水平,结构效应则与政府支出对居民收入的效应进行叠加。

4.3 实证方法、模型设定与变量说明

本章将利用 Hansen(1999)提出的门限回归模型检验政府支出对私人消费的非线性效应的存在性及特征。首先，通过模型(1)以融资规模和生产性支出份额为门限变量，探寻门限变量的变化给予政府支出对私人消费非线性效应的存在性和特征的影响。如前所述，增长效应是政府支出影响私人消费的关键因素，而且生产性支出通过供给基础设施来实现这一效应。模型(2)以经济发展水平为门限变量，明确生产性支出对私人消费效应变化的特征。以基础设施发展水平为门限变量，检验对生产性支出实现增长效应的机制。

$$lnc_{it}=\delta_{11}lnge_{it}*I(q_{it}\leqslant\gamma)+\delta_{12}lnge_{it}*I(q_{it}>\gamma)+\beta_{11}lnincome_{it}+\mu_i+\varepsilon_{it} \quad (1)$$

$$lnc_{it}=\delta_{21}lnproge_{it}(q_{it}\leqslant\gamma)+\delta_{22}lnproge_{it}(q_{it}>\gamma)+\beta_{21}lnincome_{it}+\mu_i+\varepsilon_{it} \quad (2)$$

本章以 1995—2012 年除西藏、重庆、四川之外 28 个省份的数据为样本。在上述回归模型中，下标 i 和 t($t=1995,\cdots2012$)分别表示第 i 省份第 t 年的观测值。本章的数据主要来源于《中国统计 60 年》《中国统计年鉴 2013》和部分省市的统计年鉴。其中，lnc_{it}、$lnge_{it}$ 和 $lnproge_{it}$ 分别代表人均消费的对数值、人均政府支出和人均生产性支出[①]的对数值。由于可支配收入在私人消费的影响因素中具有决定性作用(Tsung-wu,2001)，为了保证回归结果的可信度，本章所有的模型都将居民可支配收入纳入解释变量，$lnincome_{it}$ 表示人均收入的对数值，其中

$$income=\frac{城镇人均可支配收入*城镇人口+农村人均纯收入*农村人口}{城镇人口+农村人口}$$

q_{it} 为门限变量，γ 为门限值。为了剔除价格的影响，lnc_{it}、$lnge_{it}$ 和 $lnincome_{it}$ 通过 CPI 进行价格调整(1978 年 CPI=100)。在(1)中的门限变量分别为政府支出的融资规模(财政支出总额占 GDP 的比重)以及生产性支出份额。在(2)中的门限变

① 根据我国的统计口径，2007 年以前的生产性支出包括基本建设、企业挖潜改造资金、简易建筑费、科技三项费用、支援农业生产、农林水利气象部门事业费、工业交通部门事业费、商业部门事业费、科学事业费、公检法支出和农业综合开发支出。2007 年以后，生产性支出包括科学技术、农林水事务、交通运输和金融监管支出。

量分别为经济发展水平(人均 GDP 的对数值)和基础设施发展水平。依据数据的可得性,本章用公路密度$\left(\frac{\text{公路通车里程}}{\text{国土面积}}\right)$来衡量基础设施的发展水平。$I(\cdot)$为一指标函数,当 $q_{it} \leqslant \gamma$ 时,$I(q_{it} \leqslant \gamma)=1$,反之 $I(q_{it} > \gamma)=1$。

本章以模型(1)为例来说明模型(1)和(2)估计的原理。在模型(1)中,Hansen(1999)提出在 γ 已知的条件下,可以通过面板数据中的固定效应模型对 δ_1 和 δ_2 进行估计,对应的残差的平方和记为 $S_1(\gamma)$。Chan(1993)指出,可以通过使 $S_1(\gamma)$ 最小的原则来确定相应变量的门限值,即:

$$\hat{\gamma}=\underset{\gamma}{\operatorname{argmin}} S_1(\gamma) \tag{3}$$

对应的残差平方和为 $\hat{\delta}^2=\frac{S_1(\gamma)}{n(T-1)}$

通过(3)求解出 γ 之后,即可求得 $\hat{\delta}=\delta(\gamma)$

在求解出门限值之后,Hansen(1999)通过构建极大似然比率

$$F_1=\frac{S_0-S_1(\gamma)}{\hat{\delta}^2} \tag{4}$$

对 $H_0:\delta_1=\delta_2$,$H_1:\delta_1 \neq \delta_2$ 进行假设检验,从而对门限效应的显著性进行检验。由于在原假设 H_0 下,门限值 γ 无法识别,所以 F_1 统计量的分布是非标准的,Hansen(1999)建议采用"自抽样法"(Bootstrap)来获得其渐进分布,进而构造其 P 值。为了检验门限的估计值是否等于其真实值,即:$\gamma=\gamma_0$。Hansen(1999)构建了

$$LR_1(\gamma)=\frac{S_1(\gamma)-S_1(\hat{\gamma})}{\hat{\delta}^2} \tag{5}$$

在显著性水平为 α 的条件下,当 $LR \leqslant -2\log(1-\sqrt{1-\alpha})$时,接受原假设。反之,拒绝原假设。

以上只是考虑了单门限时的情况,如果是双门限或更多门限时,只需要用类似的方法去搜寻第二个或第三个门限值。

4.4 实证结果

4.4.1 门限效应检验

本章首先对门限效应的存在性及门限的个数进行检验,依次在线性模型、单门限模型和双门限模型的设定下分别对模型(1)和(2)进行估计,得到 F 统计量和采用“自抽样法”得出的 P 值。由表 4-1、表 4-2 可以发现,从融资规模和支出结构的角度来看,政府支出对私人消费具有显著的门限效应;而从基础设施发展水平和经济发展水平的角度来看,生产性支出对私人消费具有显著的门限效应。表 4-3 列出了相应变量的门限值。如果门限值过多会导致每个区域的样本容量过少,因此,本章将采用双门限模型进行分析。

表 4-1 政府支出对私人消费影响因素的门限效应检验

模型假设		融资规模	支出结构
原假设	备选假设	F 统计量	F 统计量
线性模型	单门限模型	25.871 6***	18.033 8***
单门限模型	双门限模型	20.961 9***	5.550 0**
双门限模型	三门限模型	6.081 0**	7.158 6***

注:P 值和临界值均为采用“自抽样法”反复抽样 1 000 次得到的结果。* 表示 10%的显著水平,** 表示 5%的显著水平,*** 表示 1%的显著水平。

表 4-2 生产性支出对私人消费影响因素的门限效应检验

模型假设		基础设施发展水平	经济发展水平
原假设	备选假设	F 统计量	F 统计量
线性模型	单门限模型	24.137 7***	22.010 0***
单门限模型	双门限模型	9.744 1***	8.002 3***
双门限模型	三门限模型	15.851 5***	6.246 6**

注:P 值和临界值均为采用“自抽样法”反复抽样 1 000 次得到的结果。* 表示 10%的显著水平,** 表示 5%的显著水平,*** 表示 1%的显著水平。

表 4-3　门限值估计结果

核心解释变量	门限变量		估计值	95%置信区间
人均政府支出	融资规模	$\hat{\gamma}_1$	0.073 5	[0.073 5,0.078 5]
		$\hat{\gamma}_2$	0.207 6	[0.205 1,0.207 6]
	支出结构	$\hat{\gamma}_1$	0.275 6	[0.181 5,0.408 7]
		$\hat{\gamma}_2$	0.342 1	[0.326 1,0.388 0]
人均生产性支出	基础设施发展水平	$\hat{\gamma}_1$	0.065 5	[0.052 3,0.092 0]
		$\hat{\gamma}_2$	0.264 0	[0.250 7, 0.277 2]
	经济发展水平	$\hat{\gamma}_1$	7.346 4	[7.141 0,7.757 4]
		$\hat{\gamma}_2$	8.348 1	[8.296 7,8.630 6]

4.4.2　实证结果分析

1）政府支出对私人消费的非线性效应

表 4-4 的结果显示，政府支出规模对私人消费具有显著的非线性效应。

第一，以融资规模为门限变量时，随着融资规模的增加，政府支出对私人消费的挤入效应呈现递增的趋势。当融资规模小于等于 0.073 5 时，政府支出每增加 1%，私人消费增加 0.097 7%，呈现挤入效应。但随着融资规模的增加，挤入效应逐步下降，当融资规模介于 0.073 5 和 0.207 6 之间时，政府支出对私人消费的弹性增至 0.117 8；当融资大于 0.207 6 时，政府支出对私人消费的弹性增至 0.135 5。

表 4-4　政府支出与私人消费门限特征实证检验

门限变量 / 解释变量	融资规模		支出结构	
$lnge_{it}$	$\gamma \leqslant 0.073\ 5$	0.097 7*** (0.012 9)	$\gamma \leqslant 0.275\ 6$	0.157 2*** (0.012 0)
	$0.073\ 5 < \gamma \leqslant 0.207\ 6$	0.117 8*** (0.012 4)	$0.275\ 6 < \gamma \leqslant 0.342\ 1$	0.152 2*** (0.012 0)
	$\gamma > 0.207\ 6$	0.131 5*** (0.011 7)	$\gamma > 0.342\ 1$	0.144 7*** (0.011 6)
$lnincome_{it}$	0.756 3*** (0.019 4)		0.711 9*** (0.021 7)	

注：* 表示 10%的显著水平，** 表示 5%的显著水平，*** 表示 1%的显著水平。()内为变量估计值的标准差。

第二,以支出结构为门限变量时,政府支出对私人消费的贡献为正,但单调递减。随着生产性支出份额的增加,政府支出对私人消费的挤入效应逐渐下降。当生产性支出份额小于0.275 6时,政府支出每增加1%,私人消费增加0.157 2%。当生产性支出份额介于0.275 6和0.342 1之间时,政府支出每增加1%,私人消费增加0.152 2%。当生产性支出份额大于0.342 1时,政府支出每增加1%,私人消费增加0.144 7%。随着生产性支出份额的增加,政府支出对私人消费挤入效应逐步下降是因为:生产性支出虽然可以通过提供基础设施等具有正外部性的公共产品促进经济增长和居民收入,但是生产性支出增加的机会成本是消费性支出的减少,而消费性支出通过预防性储蓄影响私人消费。而且,基础设施投资规模与经济增长率之间呈倒"U"形关系(丁建勋,2007)。这意味着只有基础设施投入处于最优水平时,生产性支出对私人消费才具有挤入效应,因为在基础设施没有达到最优规模之前,虽然生产性支出的机会成本较低,但是其对经济增长的促进效应没有显现出来,所以此阶段生产性支出挤出私人消费;随着基础设施网络的逐步建立,其对经济增长的累积效应会逐步显现,生产性支出对私人消费的挤出效应呈现下降的趋势。生产性支出对私人消费的挤入效应不显著是因为生产性支出对私人消费的贡献是间接的,以基础设施为代表的生产性支出是私人消费增长的必要条件,而不是充分条件,企业效率和盈利能力提高所带来的居民收入的增加才是私人消费增长的关键因素。

表 4-5　1995—2012 年样本在不同门限区间分布情况(1)

门限变量 年份	融资规模			支出结构		
	区间 1	区间 2	区间 3	区间 1	区间 2	区间 3
1995	5	23	0	7	15	6
1996	5	23	0	5	16	7
1997	5	23	0	6	17	5
1998	4	24	0	7	15	6
1999	3	24	1	4	17	7
2000	2	25	1	5	16	7
2001	0	23	5	4	14	10
2002	0	21	7	0	7	21

续表

年份＼门限变量	融资规模			支出结构		
	区间 1	区间 2	区间 3	区间 1	区间 2	区间 3
2003	0	23	5	13	10	5
2004	0	23	5	20	6	2
2005	0	23	5	9	15	4
2006	0	22	6	13	11	4
2007	0	21	7	28	0	0
2008	0	20	8	27	1	0
2009	0	16	12	28	0	0
2010	0	16	12	28	0	0
2011	0	13	15	26	2	0
2012	0	14	14	28	0	0

注：融资规模的区间 1、区间 2 和区间 3 分别为：(−∞，0.073 5]、(0.073 5，0.207 6]和(0.207 6，+∞)；支出结构的区间 1、区间 2 和区间 3 分别为：(−∞，0.275 6]、(0.275 6，0.342 1]和(0.342 1，+∞)。

由表 4-5 可知，融资规模处于(−∞，0.073 5]区间的样本数量逐步下降，由 1995 年的 5 下降至 2012 年的 0，而处于(0.207 6，+∞)区间的样本数量稳步上升，由 1995 年的 0 上升至 2012 年的 14。这意味着我国越来越多的省份正在通过政府支出的扩张来促进私人消费的增长。

我国各省份的生产性政府支出所占的比重一直都处于相对较低的水平，处于第一门限区间(−∞，0.275 6]的样本数量从 1995 年的 7 上升至 2012 年的 28。这意味着优化结构是提升政府支出对私人消费挤入效应的重要切入点，而寻找政府支出对私人消费挤入效应由下降阶段转向上升阶段的条件就显得尤为关键。为此，本章还将对生产性支出与私人消费之间的关系进行检验。

2）生产性支出对私人消费的非线性效应

经济增长是生产性支出影响私人消费的重要中介变量，所以我们首先以经济发展水平为门限变量，对生产性支出对私人消费的效应进行实证检验。如表 4-6 所示，当经济发展水平小于 7.346 4 时，生产性支出每增加 1%，私人消费增加 0.036 3%，呈现挤入效应。随着经济发展程度的不断提高，生产性支出的挤入效应逐步提高，当经济发展水平介于 7.346 4 和 8.348 1 之间时，生产性支出对私人消费的弹性增至 0.044 7。当经济发展水平大于 8.348 1 时，政府支出对私人消费的弹性达到 0.058 7。

表 4-6 生产性支出与私人消费门限特征实证检验

解释变量 \ 门限变量	基础设施发展水平		经济发展水平	
$lnproge_{it}$	$\gamma \leqslant 0.065\,5$	−0.004 8 (0.011 2)	$\gamma \leqslant 7.346\,4$	0.036 3*** (0.007 3)
	$0.065\,5 < \gamma \leqslant 0.264\,0$	0.015 2* (0.008 2)	$7.346\,4 < \gamma \leqslant 8.348\,1$	0.044 7*** (0.007 1)
	$\gamma > 0.264\,0$	0.038 5*** (0.007 0)	$\gamma > 8.348\,1$	0.058 7*** (0.007 8)
$lnincome_{it}$	0.898 6*** (0.013 4)		0.859 8*** (0.0169)	

注:* 表示 10%的显著水平,** 表示 5%的显著水平,*** 表示 1%的显著水平。()内为变量估计值的标准差。

基础设施建设是我国各级政府生产性支出的主要领域,因此本章将以公路密度为门限变量来进一步分析生产性支出与私人消费之间的关系。由表 4-6 我们可以发现,生产性支出对私人消费的挤入效应由不显著逐步变为显著为正。当公路密度小于等于0.065 5时,生产性支出对私人消费呈挤出效应,但不显著;当公路密度介于 0.065 5 至 0.264 0 之间时,生产性支出每增加 1%,私人消费增加 0.015 2%;当公路密度大于 0.264 0 时,生产性支出每增加 1%,私人消费增加 0.038 5%。这是因为:生产性支出所形成的公共资本只有达到一定的存量水平或形成一定的网络才能发挥对私人资本的外溢效应,进而促进经济增长和居民收入增加。随着基础设施网络效应的逐步显现,公共资本对经济增长和居民收入增长的外溢效应逐步增加。

表 4-7 1995—2012 年样本在不同门限区间分布情况(2)

年份 \ 门限变量	基础设施发展水平			经济发展水平		
	区间 1	区间 2	区间 3	区间 1	区间 2	区间 3
1995	3	13	12	19	9	0
1996	3	12	13	19	9	0
1997	3	9	16	19	8	1
1998	3	9	16	18	9	1
1999	3	8	17	17	10	1

续表

门限变量 年份	基础设施发展水平			经济发展水平		
	区间 1	区间 2	区间 3	区间 1	区间 2	区间 3
2000	3	7	18	13	14	1
2001	3	7	18	13	13	2
2002	3	7	18	11	14	3
2003	3	6	19	8	17	3
2004	3	6	19	5	18	5
2005	3	5	20	1	20	7
2006	2	4	22	1	17	10
2007	0	4	24	1	16	11
2008	0	4	24	0	15	13
2009	0	4	24	0	15	13
2010	0	4	24	15	12	1
2011	0	3	25	0	1	27
2012	0	3	25	0	0	28

注：基础设施发展水平的区间 1、区间 2 和区间 3 分别为：(－∞，0.065 5]、(0.065 5，0.264 0]和(0.264 0，＋∞)；经济发展水平的区间 1、区间 2 和区间 3 分别为：(－∞，7.346 4]、(7.346 4，8.348 1]和(8.348 1，＋∞)。

由表 4-7 可知，经济发展水平处于(－∞，7.346 4]区间的样本数量逐步下降，由 1995 年的 19 下降至 2012 年的 0，而处于(8.348 1，＋∞)区间的样本数量，由 1995 年的 0 上升至 2012 年的 28。这表明能否促进经济增长是决定生产性支出是挤入私人消费还是挤出私人消费的关键性条件。

公路密度处于(－∞，0.065 5]区间的样本数量逐步下降，由 1995 年的 3 下降至 2012 年的 0，而处于(0.065 5，0.264 0]区间的样本数量，由 1995 年的 13 下降至 2012 年的 3。这意味着我国各省的基础设施投入已经饱和，边际回报率不断下降，应将生产性支出更多配置到研发、人力资本投入等边际回报率更高的领域。

4.5 结论

本章以1995—2012年的省际面板数据为样本，运用门限回归法对政府支出对私人消费的非线性效应进行实证检验，研究发现：

第一，以融资规模和支出结构为门限变量时，政府支出对私人消费具有显著的非线性效应。随着融资规模的增加，政府支出对私人消费的挤入效应呈现递增的趋势。随着生产性支出份额的增加，政府支出对私人消费的挤入效应呈现单调下降的趋势。

第二，随着经济发展水平的提高，生产性支出对私人消费的挤入效应呈现递增的趋势。基础设施是政府支出促进经济增长的重要手段，随着基础设施的不断完善，生产性支出对私人消费的影响从不显著的挤出效应逐步转换为显著的挤入效应。

第五章

财政分权与政府支出结构的实证分析

5.1 引言

财政分权是我国经济增长取得举世瞩目的发展成就的重要因素(Oi,1992;Yingyi & Barry,1997),财政分权不仅改变了政府的激励结构,而且改变了政府行为的可行性集合,因此,财政分权与政府支出的关系受到越来越多的关注。Estache等(1994)认为,分权会增加政府的基础建设支出。Zhuravskaya(2000)发现,分权之后的财政激励是俄罗斯地方政府加大教育、卫生投入的原因。Faguet(2004)以玻利维亚的面板数据为样本,证实分权增加了政府对教育、卫生、污水处理等公共服务的提供。Arze 等(2005)指出财政分权会增加教育、医疗在政府支出中的比重。国内学者也对这一问题进行了广泛的探讨,傅勇、张晏(2007)指出,中国的财政分权以及基于政绩考核下的政府竞争,导致地方政府支出结构呈现“重基本建设、轻人力资本投资和公共服务”的明显扭曲。郑磊(2008)认为,以经济绩效为考核标准的官员晋升机制导致地方政府之间展开标尺竞争,这种竞争和财政分权制度结合在一起,共同对地方政府的教育支出比重产生显著的负影响。

不同类型的政府支出对主要宏观经济变量的影响各异:教育领域的投资通过增加人力资本而促进经济增长(Lucas,1988),基础设施通过提高劳动生产率、降低生产成本以及干中学效应(Torvik,2001)、挤入私人资本投资(Agénor, 2004)促进经济增长。Fiorito & Kollintzas(2004)指出,国防和公共安全领域的政府支出对私人消费具有替代效应,而健康、教育等方面的政府支出对私人消费具有互补效应。王明成(2012)指出，政府支出通过收入效应和替代效应影响私人消费。因此，合意的政府支出结构对于宏观经济具有十分重要的影响。

现有文献主要集中于对财政分权与特定类型的政府支出之间关系的实证检验，而忽略了财政分权与合意政府支出结构之间的关系。政府支出更偏好于以基本建设为代表的生产性支出，而以教育、医疗等为代表的消费性支出不足已得到国内学者的认可(傅勇、张晏，2007；郑磊，2008；龚锋、卢洪友，2009)。本章将在上述文献的基础上，继续研究财政分权与政府支出结构的关系，与已有文献相比，本章具有如下区别：第一，本章将政府支出分为生产性支出和消费性支出，分别对其与财政分权的关系进行实证检验①。第二，上述文献通过对不同类型的政府支出与财政分权的关系进行实证检验，依据财政分权项的符号，判断政府支出结构的偏向程度。笔者认为，财政分权项的符号仅能表明在其他变量不变的条件下，财政分权程度的变化对政府支出的影响，并不能表明政府支出结构的偏向性。除了对财政分权项的符号进行判断外，我们还需要用变量衡量政府支出结构的偏离程度。从理论上说，该变量有两种确定方法：一是真实值与最优值的偏差，该方法所得的信息更准确，但对最优值的估计难度比较大。二是采用变通的方法，用生产性支出份额与消费性支出份额的差来表征政府支出结构的偏离性，这种做法具有数据可得性强以及该指标较单纯采用特定类型的政府支出作为应变量更能反映政府支出结构变化的倾向。就我国目前的现实情况来看，以教育、医疗等为代表的消费性公共产品供给不足，而以基础设施建设为代表的生产性支出供给高于最优水平。因此，我们认为我国政府支出结构的偏离表现为生产性支出份额大于消费性支出份额。

本章的结构安排如下：第二节分析财政分权、政府竞争与政府支出结构之间的关系，提出本章实证分析的假说。第三节对本章实证分析的模型、变量选取及数据来源进行说明。第四节对实证分析的结果及其成因进行解释。最后，进行总结。

---

① 依据 Aschauer(1985)和 Barro(1990)将政府支出分为生产性支出和消费性支出，其中生产性支出指进入企业生产函数，用于提高私人资本边际产量的支出，比如基础设施建设、研发投入等；消费性支出指进入家庭效用函数的支出，比如教育、医疗等领域的支出。

5.2　假说的提出

从图 5-1 我们可以发现：第一，改革开放以来，伴随着经济的增长，我国的消费率不断下降，从 1978 年的 62.1%，下降至 2010 年的 47.4%；同时，我国的投资率不断增加，从 1978 年的 38.2%，上升至 2010 年 48.6%。第二，1990 年之前，我国的投资率和消费率处于相对稳定的状态，但是 1990 年之后，我国的投资率逐步上升，消费率不断下降，特别是 2000 年之后，呈现"消费率单边下降，投资率单边上升"的趋势。

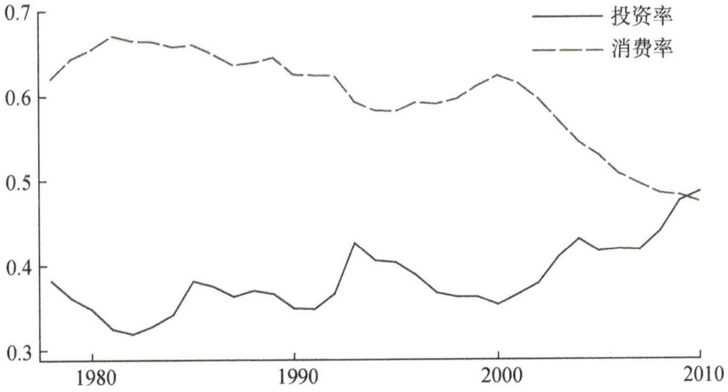

图 5-1　我国 GDP 构成演化示意图

数据来源：中国统计年鉴 2011 年

从图 5-2 我们可以发现：投资是政府保增长的重要选择工具，私人消费对经济增长的贡献略有下降，但是波动相对减少。而净出口对经济增长的贡献波动比较大，在出口贡献度较低甚至为负的 1985 年、1995 年、2001 年、2003 年和 2009 年期间，投资的增速都非常大。为什么各级地方政府如此热衷于 GDP 的增长呢？这是由地方政府所面临的激励机制所决定的。

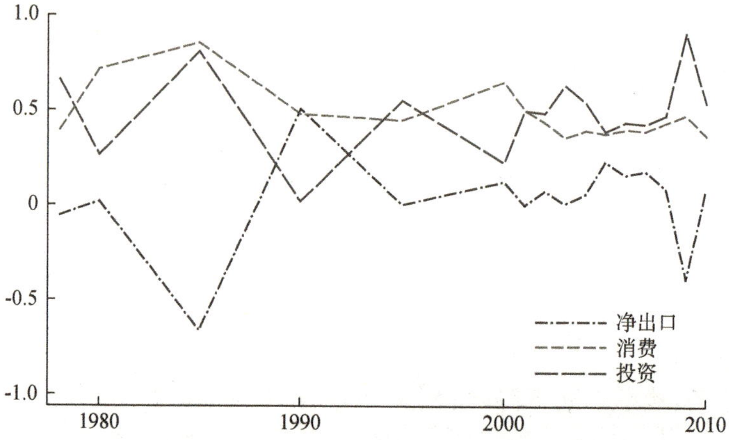

图 5-2　不同需求对我国 GDP 增长贡献强度演化示意图

数据来源：中国统计年鉴 2011 年

我国从计划经济向市场经济转型的实质是政府向企业、家庭分权的过程，与此同时，我国的财政体制经历了从“分灶吃饭”、分级包干到分税制的变革。尽管随着财政体制改革的深入，地方政府的财政权力得到了增强，但其实质是地方的事权增加了，而相应的财权却没有与之匹配，并且中央拥有地方政府官员的任免权。我国的财政分权与西方财政学标准意义上的财政分权在地方政府的独立性、地方政府行为的约束机制以及分权的彻底性等方面仍有很大的区别。在这些区别中，地方政府的独立性以及地方政府行为约束机制对政府支出的目标产生了重要的影响。Olivier & Andrei(2000)指出，为了确保政治上的合意性，中央政府在奖励和惩罚地方官员上拥有强势的位置。“用脚投票”是经典分权理论中制约政府行为的重要机制，但是我国户口制度的存在限制了人口的跨区域流动，削弱了“用脚投票”机制对政府行为的约束作用。底层约束机制的缺失以及中央政府的强势位置决定了作为经济人的地方政府官员将最大化地满足中央所指定的政绩考核体系。

那么中央对地方政府采用何种政绩考核体系呢？从考核指标来看，为了维持国家的正常运转，地方政府在经济建设、教育、医疗和养老等消费性公共产品以及社会稳定、文化建设等方面都需要承担责任。但是由于信息搜集成本的存在、考核的可衡量性以及不同目标之间的逻辑关系，我国确定了以 GDP 为中心的政绩考核体系。Xiaobo(2006)指出，中央对省级领导的考核体系中60%是与经济绩效相关的指标。从考核的原则来看，中央政府不仅看重地区GDP的绝对成就，也看重GDP增长的相对速度。Maskin等(1997)的研究表明，经济增长且相对增长率增加的省份的官员更容易进入中央常委。Li & Zhou(2005)通过对1978—1995年28个省份主要领导的政治生涯进行实证研究，发现经济增长率相对较快的省份，官员更容易升迁。因此，在目前的制度安排下，地方政府展开了一场以GDP增长率为核心的“自上而下的标尺竞争”。作为地方政府主要选择变量的政府支出自然而然也需要向促进GDP的迅速增长倾斜。

增长理论为促进经济增长提供了很多政策建议。从需求的角度来看，促进经济增长可以通过增加私人消费、投资和净出口来实现；从供给的角度来看，可以通过增加要素供给以及提高TFP来实现。

尽管基于供给端的政策可以促进经济增长，但是缺乏需求端的支撑的经济增长难以维系，因此，寻求市场是促进经济增长的基础。那么，国内市场和国际市场，政府会选择哪一个呢？就国内市场而言，一方面收入是消费的决定因素，这意味着只有具备初始经济增长的动力或者收入与消费实现良性互动时，国内市场才能成为经济增长的主要动力。但是以GDP为导向的竞争涵盖了各个层次的政府，这种多层次的政府竞争将我国整体的市场划分为若干个市场空间。正如Young(2000)所指出的我国的地方政府为了巩固既得利益，人为地扭曲了地方经济。改革非但没有促进国内市场的整合，反而加剧了区域市场的分割。

朱希伟等(2005)指出，我国严重的地方保护主义造成市场分割，导致出口的成本低于国内销售的成本。林毅夫、李永军(2003)指出，出口的增长除了直接推动经济增长之外，还对消费、投资、政府支出、进口造成影响，间接刺激经济增长。他认为，从20世纪90年代至2000年，外贸出口每增长10%，能推动GDP增长1%。因此，我国各级地方政府从“为GDP增长率而竞争”转换为“为出口而竞争”。劳动力和土地是我国相对丰裕的生产要素，而技术和资本是我国稀缺的生产要素，在这种条件下如何实现出口？Sturgeon(2002)指出，随着企业内部联系的编码化、通用制造技术的发展，模块化日益成为产品生产的主要形式。在模块化的生产体系中，发达国家的跨国公司主要集中于产品研发、系统集成以及市场营销等环节，我国依托廉价的劳动力和庞大的产能从事产品制造、组装等环节。我国出口呈现“以工业品为主要产品、以跨国公司为主体和以加工贸易为主要方式”的特点。外商投资企业占出口总额的比重从1981年的0.15%增加到2007年的57.1%；工业产品占出口总额的比重从1981年的53.43%增加到2007年的94.95%；加工贸易占出口总额的比重从1981年的5.14%增加到2007年的50.71%。由此，FDI成为各地发展经济的关键，各地展开了轰轰烈烈的引资大战。按照比较优势的原则，跨国公司之所以选择在中国投资是因为其看重了中国较低的运营成本，因此，成本最小化是跨国公司在我国进行区域选择的关键因素。对于跨国公司而言，其成本降低的来源主要有：廉价的劳动力、较低的税负、政府补贴以及优良基础设施所引致的综合运营成本的下降。各地的引资大战也就围绕着如何降低跨国公司的运营成本而展开，税收竞争以及政府支出结构的偏离成为各地吸引外资的核心的政策工具。这种竞争一方面导致地方政府之间陷入减税竞争的囚徒困境（张晏，2007），另一方面导致生产性支出过高。由此，我们得到如下假说：

假说1 生产性支出与财政分权正相关。财政分权度越高，生产性支出所占份额越高。

假说2 消费性支出与财政分权负相关。财政分权度越高，消费性支出所占份额越低。

假说3 政府支出结构偏离程度与财政分权正相关。财政分权度越高，政府支出结构偏离程度越大。

5.3 计量模型、变量及数据来源

为了验证前面提出的假说，本章将用模型(1)—(3)进行实证检验。

$$pro\_geshare_{it}=\alpha_0+\beta_1*FD_{it}+\beta_2*gov\_comp_{it}+\beta_3*(FD*gov\_comp)+\Phi X_{1it}+\varepsilon_{it} \quad (1)$$

$$con\_geshare_{it}=\alpha_0+\beta_1*FD_{it}+\beta_2*gov\_comp_{it}+\beta_3*(FD*gov\_comp)+\Phi X_{2it}+\varepsilon_{it} \quad (2)$$

$$govs\_bias_{it}=\alpha_0+\beta_1*FD_{it}+\beta_2*gov\_comp_{it}+\beta_3*(FD*gov\_comp)+\Phi X_{3it}+\varepsilon_{it} \quad (3)$$

本章利用 1995—2009 年除西藏、重庆、四川之外的 28 个省份的数据为样本。在上述回归模型中，下标 i 和 t(t=1995，…2009)分别表示第 i 个省份第 t 年的观测值。本章的数据主要来源于《中国统计 60 年》《中国统计年鉴 2010》和部分省市的统计年鉴。具体变量如下：

$pro\_geshare_{it}$ 为本章的被解释变量，代表政府生产性支出的份额，用政府生产性支出占政府支出的比重表示①。

$con\_geshare_{it}$ 为本章的被解释变量，代表政府消费性支出的份额，用政府消费性支出占政府支出的比重表示②。

$govs\_bias_{it}$ 为本章的被解释变量，代表政府支出结构的偏差性，用生产性支出份额与消费性支出份额的差表示。

FD_{it} 代表财政分权程度，本章从支出方面度量财政的分权度，即：

$$FD_{it}=\frac{\text{人均省级政府预算内支出}}{\text{人均省级政府预算内支出}+\text{人均中央预算内支出}}$$

财政分权度越高，政府促进 GDP 增长的激励就越强，生产性支出扩张的倾向就越强，消费性支出扩张的倾向就越弱，而政府支出结构的偏离程度越高。

---

① 根据我国的统计口径，2007 年以前的生产性支出包括基本建设、企业挖潜改造资金、简易建筑费、科技三项费用、支援农业生产、农林水利气象部门事业费、工业交通部门事业费、商业部门事业费、科学事业费、公检法支出和农业综合开发支出。2007 年以后，生产性支出包括科学技术、农林水事务、交通运输和金融监管支出。

② 根据我国的财政支出统计口径，1995—1997 年消费性支出为文教卫生事业经费，1998—2006 年包括教育事业费、卫生经费和社会保障支出，2007 年以后，包括教育、社会保障和就业以及医疗卫生的支出。

gov_comp_{it}代表政府竞争强度，本章以各地政府吸引的 FDI 占全国当年 FDI 的比重作为衡量政府竞争度的代理变量。另外，分权对于支出结构的影响可能会随着竞争程度的不同而改变，为此，我们参照傅勇、张晏（2007）的做法，引入财政分权和政府竞争的交互项。

X_{it}为控制变量，其中，X_{1it}为影响生产性支出份额的其他变量，X_{2it}为影响消费性支出份额的其他变量。X_{3it}为X_{1it}和X_{2it}包括所有的控制变量。

X_{1it}为控制具体包括：

工业化程度（$indshare_{it}$），为度量地区工业化程度指标，用工业增加值占 GDP 的比重来衡量。工业化程度越高，对生产性支出的需求也越大，预期符号为正。

人均 GDP（$gdpper_{it}$），为控制地区经济发展程度对政府支出结构的影响。

soe_{it}代表经济体制改革的程度，本章参照傅勇、张晏（2007）的做法，用国有经济单位职工占总职工人数的比重来衡量地区市场化改革的程度。

$exportshare_{it}$代表度量出口对经济的影响，用出口额占 GDP 的比重来衡量。出口对经济的影响越大，政府为出口而竞争的激励就越强，生产性支出所占份额就越大，进而政府支出结构的偏离程度越高，预期其与$pro_geshare_{it}$、$govs_bias_{it}$的符号为正。

X_{2it}为控制具体包括：

人口结构（pop_stru_{it}）为度量人口结构的指标，用 15—64 岁人口占总人口的比重来衡量。该年龄段的人口比例越高，居民对消费性公共产品的需求越少，消费性支出所占份额越低，预期符号为负。

5.4 实证结果

5.4.1 财政分权、政府竞争与政府支出结构偏向

如前所述,财政分权激励政府扩大生产性支出的份额,降低消费性支出的份额,进而导致政府支出结构偏离合意水平,那么实证检验支持本章所提出的假说吗?在以 *pro_geshare* 为应变量的模型(4)—(6)中,FD_{it} 显著为正;在以 *con_geshare* 为应变量的模型(7)—(9)中,FD_{it} 显著为负;在以 *govs_bias* 为应变量的模型(10)—(12)中,FD_{it} 显著为正,这很好地支持了假说 1—3。在(6)中,财政分权度每提高一个单位,生产性支出所占的份额会提高 0.137 个单位。在(8)中,财政分权度每提高一个单位,消费性支出所占的份额会下降 0.039 个单位。在(12)中,财政分权度每提高一个单位,政府支出结构会多偏离 0.204 个单位(表 5-1 至表 5-3)。

表 5-1 财政分权与生产性支出份额关系的实证检验

被解释变量:*pro_geshare*

解释变量 \ 模型	(4)	(5)	(6)
FD_{it}	0.099*** (0.021)	0.099*** (0.021)	0.137*** (0.029)
gov_comp_{it}		0.004 (0.141)	0.391 (0.251)
$FD^{*}govcomp_{it}$			−0.400* (0.215)
geshare	0.288*** (0.097)	0.288*** (0.097)	0.273*** (0.097)
gdpper	−3.86e-06*** (5.63e-07)	−3.86e-06*** (5.73e-07)	−3.64e-06*** (5.82e-07)
soe_{it}	0.106** (0.046)	0.107** (0.046)	0.119** (0.046)
indshare	−0.470*** (0.074)	−0.471*** (0.074)	−0.530*** (0.080)

续表

解释变量 \ 模型	(4)	(5)	(6)
$exportshare_{it}$	0.103** (0.04)	0.102*** (0.042)	0.116*** (0.042)
cons	0.301*** (0.049)	0.301*** (0.049)	0.280*** (0.051)
R^2-within	0.469 9	0.469 9	0.474 7

注：* 表示10%的显著水平，** 表示5%的显著水平，*** 表示1%的显著水平。

就政府竞争而言，其与生产性支出份额的符号为正，但不显著；与消费性支出份额的符号具有不确定性；与政府支出结构偏离的符号显著为正，政府竞争程度提高一个单位，政府支出结构会多偏离0.603个单位。

就财政分权与政府竞争交互项而言，(6)中交互项符号显著为负，这意味着当政府竞争强度小于临界值时，生产性支出份额会随着财政分权度的提高而增加；反之，则下降。(6)分别对 FD_{it} 和 gov_comp_{it} 求偏导可得：

$$\frac{\partial pro\_geshare}{\partial FD_{it}}=0.137-0.4gov\_comp_{it} \tag{13}$$

$$\frac{\partial pro\_geshare}{\partial gov\_comp_{it}}=0.391-0.4FD_{it} \tag{14}$$

通过计算我们可以发现，(13)中当 gov_comp_{it} 的临界值为0.342 5时，财政分权对生产性支出份额的边际效应为0。样本中 gov_comp_{it} 的均值为0.045 7，表明在考虑交互效应的条件下，财政分权对生产性支出份额的边际效应大于0。(14)中当 FD_{it} 的临界值为0.977 5时，政府竞争强度对生产性支出份额的边际效应为0。样本中 FD_{it} 的均值为0.962 1，表明从整体上看，政府竞争强度对生产性支出份额的边际效应大于0。样本中北京(1995—2009年)、广东(1995—2003年)、海南(1995年、2009年)、辽宁(1995—2009年)、上海(1995—2009年)、天津(1995—2009年)、浙江(2003—2009年)等东部省份以及内蒙古(2002—2009年)、宁夏(2001—2009年)、青海(1995—2009年)、云南(1995—1997年)、新疆(1995年、1996年、2002—2009年)等西部省份 FD_{it} 的值大于临界值，这些省份政府竞争强度对生产性支出份额的边际效应小于0。东部省份之所以出现这种状况是因为目前我国东部省份生产性支出以基础设施建设为主，而基础设施具有很强的网络性，在基础设施的网络建立起来之后，东部地区政府之间的竞争更多地体现在税收竞争、产业环境等环节上。西部省份是因为中央财政投入了大量的资金来进行基础设施建设①，这替代了地方政府的生产性支出。

表 5-2 中(9)的结果表明，财政分权与政府竞争没有通过交互效应影响 *con_geshare*，这是因为财政分权下政府具有通过吸引流动生产要素增加 GDP 的激励，而如前所述生产性支出是资本所有者偏好的政府支出。

表 5-2　消费性支出份额与财政分权关系的实证检验

被解释变量：*con_geshare*

模型 / 解释变量	(7)	(8)	(9)
FD_{it}	−0.043*** (0.016)	−0.039*** (0.016)	−0.019 (0.021)
gov_comp_{it}		−0.103 (0.108)	0.123 (0.186)
$FD^{*}\ govcomp_{it}$			−0.233 (0.155)
geshare	0.611*** (0.072)	0.608*** (0.072)	0.591*** (0.073)
gdpper	1.50e-06 *** (3.29e-07)	1.63e-06*** (3.57e-07)	1.77e-06*** (3.68e-07)
pop_stru	0.338*** (0.125)	0.326** (0.125)	0.285** (0.128)
cons	−0.033*** (0.084)	−0.024 (0.084)	−0.012 (0.085)
R^2-within	0.513 2	0.514 3	0.517 1

注：* 表示 10%的显著水平，** 表示 5%的显著水平，*** 表示 1%的显著水平。

表 5-3 的(12)中交互项显著为负，这意味着当政府竞争强度高于临界值时，政府支出结构偏离程度会随着财政分权度的提高而增加；反之，则下降。(6)分别对 FD_{it} 和 gov_comp_{it} 求偏导可得：

---

① 2003—2008 年，中西部地区基础产业和基础设施施工项目 509 758 个，占全国的 66.2%，比 2002 年提高 5.9 个百分点；基础产业和基础设施投资 129 805 亿元，年均增长达 27.8%，比全国基础产业和基础设施投资年均增长水平快 3.3 个百分点。从投资资金来源看，中西部地区 6 年的基础产业和基础设施投资资金来源中国家预算内资金为 12 443 亿元，占全国的 61.6%，比 1995 年和 2002 年分别提高 0.5 和 5.5 个百分点。

$$\frac{\partial govs\_bias}{\partial FD_{it}}=0.204-0.537gov\_comp_{it} \tag{15}$$

$$\frac{\partial govs\_bias}{\partial gov\_comp_{it}}=0.603-0.537FD_{it} \tag{16}$$

表 5-3 政府支出结构偏离程度与财政分权关系的实证检验

被解释变量：*govs_bias*

解释变量 \ 模型	(10)	(11)	(12)
FD_{it}	0.155*** (0.030)	0.153*** (0.030)	0.204*** (0.042)
gov_comp_{it}		0.088 (0.203)	0.603* (0.357)
$FD^* govcomp_{it}$			−0.537** (0.307)
geshare	−0.227 (0.146)	−0.226 (0.147)	−0.237 (0.146)
gdpper	−5.47e-06*** (8.57e-07)	−5.54e-06*** (8.77e-07)	−5.20e-06*** (8.97e-07)
soe_{it}	0.150** (0.065)	0.152** (0.065)	0.167** (0.066)
indshare	−0.772*** (0.111)	−0.776*** (0.112)	−0.850*** (0.119)
$exportshare_{it}$	0.188*** (0.057)	0.181*** (0.059)	0.201*** (0.060)
pop_stru	−0.094 (0.239)	−0.081*** (0.241)	−0.125 (0.242)
cons	0.208 (0.167)	0.199 (0.169)	0.199 (0.168)
R^2-within	0.588 8	0.589 0	0.592 3

注：* 表示 10%的显著水平，** 表示 5%的显著水平，*** 表示 1%的显著水平。

通过计算我们可以发现，(15)中当 gov_comp_{it} 的临界值为 0.379 9 时，财政分权对政府支出结构偏离的边际效应为 0。样本中 gov_comp_{it} 的均值为 0.045 7，表明即使考虑交互效应，财政分权对政府支出结构偏离的边际效应仍大于 0。(14)中当 FD_{it} 的临界值为 1.122 9 时，政府竞争强度对政府支出结构偏离的边际效应为 0。样本中 FD_{it} 的均值为 0.962 1，表明从整体上看，政府竞争强度对政府支出结构偏离的边际效应大于 0，政府竞争导致政府支出结构偏离了合意水平。样本中北京（1995—2009年）、上海（1995—2009年）、天津（1997—2009年）、广东（1995—1999年）、辽宁（1995—1996年）等东部省份以及内蒙古（2007—2009年）、宁夏（2002年、2009年）、青海（2001—2009年）等西部省份 FD_{it} 的值大于临界值，这些省份政府竞争强度对政府支出结构偏离的边际效应小于0，政府竞争对政府支出结构具有纠正作用。

5.4.2　其他变量

政府支出规模与 *pro_geshare* 和 *con_geshare* 回归的符号显著为正，但是与 *govs_bias* 回归的符号不显著。这表明政府支出规模的增加会导致生产性支出份额和消费性支出份额的增加，但是却无法内生地导致政府支出结构偏离合意水平，政府支出结构偏离是政府对其所面临的激励做出的反应，这也证明了本章所提出的假说。

人均GDP与 *pro_geshare* 和 *govs_bias* 回归的符号显著为负，与 *con_geshare* 回归的符号显著为正。工业化程度和人均GDP与 *pro_geshare*、*govs_bias* 回归的符号都显著为负。这表明随着经济发展程度的提高，生产性支出所占的份额会下降，而消费性支出所占的份额会上升，我国的财政逐步向公共财政转型，政府支出结构会趋向于合意水平。

经济体制改革程度与 *pro_geshare* 和 *govs_bias* 回归的符号显著为正，这意味着随着经济体制改革的日益深入，市场化程度的不断提高，生产性支出所占的份额会增加，政府支出结构会偏离合意水平。

出口对经济的影响程度与 *pro_geshare* 和 *govs_bias* 回归的符号显著为正，意味着“为出口而竞争”的经济发展战略导致生产性支出所占份额高于合意水平，政府支出结构产生偏离，这也证明了前文提出的“为出口而竞争”对政府支出结构的影响。

5.5 结论

本章以 1995—2009 年中国 28 个省份的面板数据为样本，运用固定效应模型对财政分权与政府支出结构的关系进行了实证检验，得到以下结论：

第一，生产性支出所占份额与财政分权正相关。财政分权度每增加 1 个单位，生产性支出所占份额将分别增加 0.099、0.099 和 0.137 个单位。政府竞争与生产性支出份额的直接效应符号为正，但不显著。财政分权与政府竞争交互项显著为负。当政府竞争强度高于临界值时，生产性支出份额会随着财政分权度的提高而增加；反之，则下降。gov_comp_{it} 的临界值为 0.342 5 时，样本中 gov_comp_{it} 的均值为 0.045 7，在考虑交互效应的条件下，财政分权对生产性支出份额的边际效应大于 0。FD_{it} 的临界值为 0.977 5 时，政府竞争强度对生产性支出份额的边际效应为 0。样本中 FD_{it} 的均值为 0.962 1，表明从整体上看，政府竞争强度对生产性支出份额的边际效应大于 0。

第二，消费性支出所占份额与财政分权负相关。财政分权度每提高一个单位，消费性支出所占份额将会分别下降 0.043、0.039、0.019 个单位。消费性支出份额的符号具有不确定性，财政分权与政府竞争没有通过交互效应影响。

第三，财政分权导致政府支出结构将将偏离合意水平，政府支出结构产生扭曲。财政分权度每提高一个单位，政府支出结构多偏离 0.155、0.153 和 0.204 个单位。财政分权与政府竞争交互项显著为负，意味着当政府竞争强度高于临界值时，政府支出结构偏离程度会随着财政分权度的提高而增加；反之，则下降。gov_comp_{it} 的临界值为 0.379 9 时，样本中 gov_comp_{it} 的均值为 0.045 7，表明考虑交互效应，财政分权对政府支出结构偏离的边际效应大于 0。FD_{it} 的临界值为 1.123，样本中 FD_{it} 的均值为0.962 1，表明从整体上看，政府竞争强度对政府支出结构偏离的边际效应大于 0，政府竞争导致政府支出结构偏离了合意水平。

第六章 国际技术扩散与经济增长质量关系的实证检验:基于 TFP 的视角

6.1 引言

改革开放以来,国际贸易(沈坤荣、李剑,2003)和 FDI(江锦凡,2004;姚树洁等,2006)促进了我国经济总量的扩张。但我国经济增长的动力仍主要是要素投入,而不是 TFP 的提高(郭庆旺、贾俊雪,2005)。随着经济全球化的强化,由 FDI 和国际贸易所带来的国际技术扩散对 TFP 的影响受到越来越多学者的关注。Grossman & Helpman(1991)指出,国际贸易不仅有利于参与国通过专业化分工获得规模经济,还可以通过进口获得国际技术外溢。Woo(2009)发现 FDI 对 TFP 有显著的正的影响。金雪军等(2006)通过构建固定替代弹性(CES)形式的知识生产函数,研究技术引进和 R&D 对全要素生产率的影响。沈能、李富有(2012)对进口贸易技术溢出及其技术势差的门限效应进行了实证检验。张海洋(2005)从 R&D 投资的两面性的角度,对内资工业部门生产率与 FDI 的关系进行了实证检验。范承泽等(2008)指出 FDI 对中国国内研发投入的净作用为负。

本章将以 TFP 为衡量经济增长质量的变量,以知识生产为切入点,以知识创造、知识吸收和知识应用为逻辑主线,从自主研发、吸收能力、技术差距等方面对国际技术扩散制约 TFP 增长的作用机制进行理论分析和实证检验。研究发现:国际技术扩散通过外部知识增量以及与自主研发的交互效应影响 TFP 增长。中国参与国际分工的方式导致国际技术扩散的直接效应为负。国际技术扩散通过锁定效应和挤出效应弱化了自主研发对 TFP 的正面影响。

本章的结构安排如下:首先,从知识生产的角度分析国际技术扩散、自主研发对 TFP 的作用机制,提出本章的假说。其次,对 TFP 的测算方法、实证模型和变量进行说明。然后,对实证结果进行解释。最后,进行总结。

6.2　假说的提出

Griliches(1979)指出,TFP 的提高是知识增量的函数。从来源上看,自主研发和国际技术扩散是增加知识存量的两种渠道。作为国际技术扩散的重要载体的 FDI 和国际贸易所带来的知识只是我国所能利用的最大边界,地区现实所能接收的外部知识是由东道国的吸收能力所决定(Kinoshita,2005)的。研发不仅能产生新知识,同时具有提高吸收能力的作用(Cohen & Levinthal,1989)。因此,我们可以得到:

$$TFP = TFP(RD, RD * K_{spill}) * H(X) \tag{1}$$

$$K_{spill} = K(FDI, TRADE) \tag{2}$$

其中,RD 代表自主研发创造的知识,K_{spill} 表示国际技术扩散获得的知识,FDI 和 $TRADE$ 分别代表外国直接投资和国际贸易获得的知识,$H(X)$ 表示影响 TFP 的其他因素。

自主研发既是增加国内知识的重要渠道,同时也有利于提升我国对国外扩散技术的吸收能力,进而提高 TFP。吴延兵(2008)发现,自主研发与 TFP 显著正相关。因此,提出假说 1:

假说 1　自主研发与 TFP 正相关。

Grossman & Helpman(1991)指出,进口中间产品和设备、出口的"干中学"等是发展中国家获得技术外溢的重要方式。因此,国际贸易的形式和在全球分工中的位置决定了国际技术扩散对 TFP 的贡献。随着制造技术和跨国公司的发展,产品内分工已经成为国际分工的主要形式。资源禀赋是决定我国在产品内分工位置的重要因素。我国依靠劳动力充裕的比较优势在产品内分工中主要处于劳动密集型的制造、组装等环节,进而决定了我国贸易的主要形式是加工贸易。加工贸易在我国国际贸易中的份额由 1981 年的 5.99%增加到 2010 年的 48.55%。在这种分工模式下,市场、设计、技术等知识密集的环节都由委托方所掌握,我国企业所处的组装、制造等环节知识含量有限,并且国际技术扩散的外溢效应主要体现在研发环节而不是生产环节（Todo，2006）。这意味着在现有条件下，国际技术扩散所蕴含的知识含量不高，而且单纯的数量扩张也无法优化国际技术扩散的知识含量。

此外，很多企业进口的目的不是为了通过中间产品提升自主研发能力，进而实现进口替代，而是为了出口。因此，我国企业在国际技术扩散过程中的“干中学”所带来的知识提升效应有限。任永菊（2003）的研究表明，出口和进口之间不仅存在着协整关系，而且在滞后期数为 1 到 2 时，进口是出口的 Granger 原因。樊纲等（2006）指出，1995—2003 年，中国进口以中高技术产品为主，而出口相对较低技术产品的格局未发生根本性变化。因此，提出假说 2：

假说 2 国际技术扩散与 TFP 负相关。

国际技术扩散不仅通过知识增量直接影响 TFP，而且还通过与本土研发能力的交互效应间接影响 TFP。一方面，国际技术扩散对自主研发能力产生挤出效应。跨国公司凭借在技术、规模以及品牌等方面的优势，降低了国内企业的赢利水平，通过企业并购弱化了国内企业的研发能力。此外，产品内分工和广阔而稳定的外部市场使得即使不具备研发能力，企业只从事加工、组装等环节同样可以获取利润，而且无需承担研发和开拓市场的风险。因此，很多企业愿意被锁定在制造、组装等环节，这降低了企业投资于研发的激励。由于研发具有双面效应，国际技术扩散对本土研发能力的挤出效应和锁定效应不仅削弱了本土生产新知识的能力，而且也降低了本土对国际技术扩散的吸收能力。刘志彪（2009）认为，我国被发达国家俘获在全球价值链的低端，本土企业仅仅依靠自身力量难以突破“低端锁定”（卢福财、胡平波，2008）。我国的出口企业最多可以对制造技术进行改良性创新，而非核心技术、关键技术创新。张杰等（2008）发现在调查样本中，62.27%的代工企业进口关键制造设备，52.11%进口关键部件，21.83%进口产品设计。张海洋（2005）指出，内资部门较低的 R&D 吸收能力导致外资活动对内资工业部门生产率的提高没有显著影响。吴延兵（2008）认为，我国自主研发的吸收能力较低，没有与技术引进形成互补优势共同促进生产率提高。因此，提出假说 3：

假说 3 国际技术扩散与本土研发能力的交互效应与 TFP 负相关。

国际技术扩散只为我国吸收国外先进技术提供了一种可能，我国实际所能吸收的发达国家外溢的技术是由我国的吸收能力所决定的。Nelson & Phelps (1966)认为，落后国技术追赶的速度与落后国的教育程度和技术发达国家的差距正相关。首先，技术差距决定了我国所能吸收外部技术扩散的可能性空间。易先忠(2010)以及吉亚辉、祝凤文(2011)等认为，技术差距是影响对国外技术吸收的重要因素。技术差距对国际技术转移的效果具有非线性：Perez(1997)指出，在临界值以下，技术溢出效应随着技术差距的增加而增大；一旦超过临界值，技术溢出效应就将变小。其次，技术差距只是我国吸收国际技术扩散的充分条件，而非必要条件，只有我国具备了相应的吸收能力，技术差距才具有真正的意义。吸收能力越强，国外技术转移对 TFP 的贡献也就越大。Girma(2005)指出，如果不具备最低的吸收能力门槛，FDI 对 TFP 的影响可能没有，甚至为负。如前所述，自主研发具有吸收国外技术转移效应的能力。因此，提出假说 4：

假说 4　技术差距与自主研发能力的交互效应为正。

6.3 实证模型与变量说明

6.3.1 TFP的测算

本章对中国TFP的核算将采用随机前沿分析法(Stochastic Frontier Analysis,SFA)。SFA自Aigner等(1977)提出以后,被广泛用于企业、行业和地区生产效率的估算和分解。SFA假设实际产出偏离最优产出是由无法控制的随机噪声ν_i和可控的无效率因素u_i所致,关于函数的形式,本章将我国的生产函数设定为柯布-道格拉斯生产函数,具体如下:

$$\ln Y_{it}=\beta_0+\beta_1\ln K_{it}+\beta_2\ln L_{it}+\beta_3 T+(\nu_{it}-\mu_{it}) \tag{3}$$

其中,Y_{it}为i省份t期的总产出,L_{it}表示i省份T期的劳动投入,K_{it}表示i省份t期的资本投入,X_{it}为i省份t期的投入向量。$f(X_{it},t;\beta)$为前沿生产函数,β表示待估计的参数向量,T表示时间趋势。ν_i服从独立同分布的正态分布$N(0,\sigma_v^2)$,与u_i独立。u_i服从以0为端点的截尾正态分布$N(u,\sigma_u^2)$。

本章的TFP测算采用的是1988—2010年的省际面板数据。产出变量由各地区的GDP来表示,投入变量包括物质资本和从业人员两项。其中,国内生产总值和从业人员数可直接从1989—2011年的《中国统计年鉴》中获取,物质资本采用张军等(2004)提供的方法计算获得。国内生产总值和物质资本均已按1978年不变价作了缩胀处理。为与下文的计算样本保持一致,本章剔除了西藏和海南,将重庆和四川合并为一个样本。本章运用stata12对(3)进行估计,结果如表6-1所示。

表6-1 我国生产函数估计

因变量:ln$Y$

变量	估计值	标准差
ln$K$	0.382 620 3***	0.016 061 2
ln$L$	0.367 207 6***	0.031 695 4
t	0.060 877 7***	0.002 213 7

续表

变量	估计值	标准差
cons	1.227 192 0***	0.252 929 6
η	−0.011 726 0***	0.001 002 1
μ	0.799 462 6***	0.127 965 5
σ^2	0.249 744 2	0.094 773 3
γ	0.984 396 0	0.005 996 3
σ_μ^2	0.245 847 2	0.094 775 1
σ_v^2	0.003 897 0	0.000 226 2
Log 似然函数值	750.196 69	

注：* 表示 1%水平显著，** 表示 5%水平显著，*** 表示 10%水平显著。

如表 6-1 所示，资本和劳动的产出弹性显著为正，其中资本和劳动的产出弹性分别为 0.382 620 3 和 0.367 207 6，η 显著为负，这意味着我国的效率水平从 1988 年以来呈现下降的趋势。本章参照刘秉镰等（2010）的做法，依据（4）计算各省的 TFP

$$TFP_{it} = e^{(\beta_0 + \beta_3 t)} TE_{it} \tag{4}$$

在（4）中，$e^{(\beta_0 + \beta_3 t)}$ 为 t 时期的前沿面技术水平，TE_{it} 为 i 省份 t 时期的技术效率。

6.3.2　实证模型

为了实证结果的稳健性，本章将分别对国际贸易和 FDI 所带来的国际技术扩散与 TFP 之间的关系进行实证检验，运用固定效应以模型（5）和（6）为基准模型，通过引入交互项以对假说 1—4 进行实证检验。

$$TFP_{it} = \beta_0 + \beta_1 lnp_{it} + \beta_2 fdi_{it} + \beta_3 catch_{it} + \beta_4 ict_{it} + \varphi X_{it} + \varepsilon_{it} \tag{5}$$

$$TFP_{it} = \beta_0 + \beta_1 lnp_{it} + \beta_2 open_{it} + \beta_3 catch_{it} + \beta_4 ict_{it} + \varphi X_{it} + \varepsilon_{it} \tag{6}$$

由于技术差距与吸收能力、技术扩散与自主研发能力以及 *FDI* 和国际贸易这两种技术外溢之间存在着相互影响的关系，本章引入上述变量的交互项，如（7）—（12）所示。

$$TFP_{it}=\beta_0+\beta_1 lnp_{it}+\beta_2 fdi_{it}+\beta_3(catch*lnp)_{it}+\beta_4 catch_{it}+\beta_5 ict_{it}+\varphi X_{it}+\varepsilon_{it} \quad (7)$$

$$TFP_{it}=\beta_0+\beta_1 lnp_{it}+\beta_2 fdi_{it}+\beta_3(fdi*lnp)_{it}+\beta_4 catch_{it}+\beta_5 ict_{it}+\varphi X_{it}+\varepsilon_{it} \quad (8)$$

$$TFP_{it}=\beta_0+\beta_1 lnp_{it}+\beta_2 open_{it}+\beta_3(open*lnp)_{it}+\beta_4 catch_{it}+\beta_5 ict_{it}+\varphi X_{it}+\varepsilon_{it} \quad (9)$$

$$TFP_{it}=\beta_0+\beta_1 lnp_{it}+\beta_2 open_{it}+\beta_3 catch_{it}+\beta_4(open*catch)_{it}+\beta_5 ict_{it}+\varphi X_{it}+\varepsilon_{it} \quad (10)$$

$$TFP_{it}=\beta_0+\beta_1 lnp_{it}+\beta_2 open_{it}+\beta_3 catch_{it}+\beta_4(fdi*catch)_{it}+\beta_5 ict_{it}+\varphi X_{it}+\varepsilon_{it} \quad (11)$$

$$TFP_{it}=\beta_0+\beta_1 lnp_{it}+\beta_2 open_{it}+\beta_3 catch_{it}+\beta_4(open*fdi)_{it}+\beta_5 ict_{it}+\varphi X_{it}+\varepsilon_{it} \quad (12)$$

依据数据的可得性和一致性，在样本中剔除了西藏、海南，将四川和重庆的数据进行合并，以 1988—2010 年上述省份的数据为样本。在上述回归模型中，下标 i 和 t 表示 i 省份 t 年的观测值。本章的数据主要来源于《中国统计 60 年》《中国统计年鉴 2011》和部分省市的统计年鉴，具体变量如下：

TFP_{it}代表 TFP 增长率，是被解释变量，本章利用 SFA 计算而得。

$open_{it}$代表国际贸易带来的技术扩散，用进出口总额占 GDP 的比重衡量，预期符号为负。

fdi_{it}代表 FDI 带来的技术扩散，用 FDI 占固定资产投资的份额衡量，预期符号为负。

lnp_{it}代表自主研发能力，用专利授予量的对数值来衡量，预期符号为负。参照张海洋(2005)的做法，引入交互项 $open*lnp$ 和 $fdi*lnp$ 来衡量本土研发对国际技术扩散的吸收能力，预期符号为负。

$catch_{it}$代表技术差距，用$\frac{gdpper_{sht}-gdpper_{it}}{gdpper_{it}}$来衡量。其中，$gdpper_{sht}$代表上海的人均 GDP。由于技术差距只有与相应的吸收能力共同发挥作用才能发挥对 TFP 的促进作用，因此 $catch_{it}$的符号具有不确定性。本章引入交互项 $catch*lnp$ 以捕捉这种效应，预期符号为正。

市场化（王小鲁，2000）、基础设施（Sachs，2003）以及经济发展阶段是影响 TFP 的重要变量，为了保证实证结果的稳健性，本章引入控制变量 X_{it}，包括：

ict_{it}代表信息传播技术，用电话普及率来衡量。由于信息传播技术的发展会降低知识传播的成本，因而预期符号为正。

yd 代表分税制改革效应的哑变量，其中，1994 年之前，$yd=0$；1994 年之后，

$yd=1$。分税制改革强化了地方政府间以 GDP 为标的的“标尺竞争”的强度，为了赢得标尺竞争，地方政府积极推进工业化，Chanda & Dalgaard（2003）的研究表明，工业通过优化资源的使用而提高 TFP。因此，预期符号为正。

$gdpper_{it}$ 代表经济发展阶段，用人均 GDP 来衡量。由于我国目前经济增长的主要动力仍然是要素投入特别是投资驱动，所以预期符号为负。

soe_{it} 代表市场化程度，用国有企业从业人员占城镇就业人口的比重来衡量。Hsieh & Klenow（2009）指出，即使不考虑企业技术水平的差异，如果中国资源的配置效率能够达到美国的水平，中国的 TFP 会提高 30%—50%。而市场化程度的加深无疑会优化我国资源的配置效率，市场化程度是 sou_{it} 的逆指标，因此预期符号为负。

6.4 实证结果及分析

6.4.1 国际技术扩散与 TFP

就国际技术扩散的直接效应而言，表 6-2 的模型(1)和表 6-3 的模型(5)的结果都表明，无论是 FDI，还是国际贸易所带来的技术扩散对 TFP 的直接效应都显著为负，这与王英、刘思峰(2008)的结论相似，也证明了前文提出的假说 2。

国际技术扩散还通过与本土研发能力、技术差距等的交互效应影响 TFP。模型(2)和(6)分别对 $\ln p$ 求偏导可得：

$$\frac{\partial TFP}{\partial lnp}=0.916-7.1098*fdi \tag{13}$$

$$\frac{\partial TFP}{\partial lnp}=0.6136-1.2439*open \tag{14}$$

表 6-2 FDI 与 TFP 的实证检验

TFP	(1)	(2)	(3)	(4)
fdi	−6.748 4*** (1.359 7)	46.130 0*** (5.778 8)	−6.377 2*** (2.107 8)	−4.255 2*** (1.078 2)
ln*p*	0.460 3*** (0.150 4)	0.916 0*** (0.148 5)	0.464 0*** (0.151 4)	−1.560 0*** (0.159 1)
fdi * *lnp*		−7.109 8*** (0.758)		
ict	0.015 1*** (0.005 6)	0.015 3*** (0.005 2)	0.015 0*** (0.005 6)	0.024 7*** (0.004 4)
gdpper	−0.000 08*** (0.000 02)	−0.000 07*** (0.000 01)	−0.000 08*** (0.000 02)	0.000 06*** (0.000 01)
catch	−1.391 5*** (0.121 7)	−1.264 3*** (0.114 3)	−1.379 8*** (0.131 9)	−6.198 7*** (0.270 4)
catch * *fdi*			−0.226 8 (0.983 5)	
catch * *lnp*				0.781 6*** (0.041 1)
soe	−7.714 0*** (0.858 5)	−8.085 3*** (0.802 2)	−7.663 3*** (0.886 9)	−1.771 0** (0.744 5)
yd	1.902 0*** (0.858 5)	1.593 0*** (0.233 2)	1.912 1*** (0.251 5)	1.380 1*** (0.196 7)

续表

TFP	(1)	(2)	(3)	(4)
cons	10.807 4*** (1.385 8)	7.573 3*** (1.338 5)	10.718 9*** (1.439 1)	19.128 1*** (1.175 3)
obs	621	621	621	621
R^2(overall)	0.000 3	0.001 5	0.000 3	0.017 9
Prob>F	0.000 0	0.000 0	0.000 0	0.000 0

注:* 表示 1%水平显著,** 表示 5%水平显著,*** 表示 10%水平显著,()内的为变量的标准差。

表 6-3　国际贸易与 TFP 的实证检验

TFP	(5)	(6)	(7)	(8)	(9)
open	−2.259 0*** (0.386 1)	8.247 3*** (1.817 2)	−3.249 7*** (0.483 2)	−1.067 1*** (0.314 0)	−1.292 5** (0.558 8)
lnp	0.559 7*** (0.150 6)	0.613 6*** (0.146 8)	0.499 8*** (0.150 4)	−1.492 6*** (0.163 5)	0.517 4*** (0.151 1)
open * *lnp*		−1.243 9*** (0.210 5)			
ict	0.020 0*** (0.005 4)	0.019 1*** (0.005 3)	0.017 1*** (0.005 5)	0.027 7*** (0.004 4)	0.017 7*** (0.005 5)
gdpper	−0.000 08*** (0.000 02)	−0.000 02 (0.000 02)	−0.000 06*** (0.000 02)	0.000 06*** (0.000 01)	−0.000 08*** (0.000 02)
catch	−1.239 0*** (0.121 3)	−0.971 5*** (0.126 3)	−1.327 3*** (0.123 1)	−6.059 0*** (0.278 4)	−1.306 8*** (0.121 0)
catch * *lnp*				0.772 1*** (0.041 8)	
catch * *open*			1.442 4*** (0.429 3)		
fdi					−2.995 0 (1.962 8)
fdi * *open*					−5.230 8 (3.371 8)
soe	−8.384 7*** (0.844 1)	−8.224 8*** (0.821 1)	−8.527 3*** (0.837 9)	−2.255 0*** (0.749 4)	−7.990 0*** (0.843 6)
yd	1.200 0*** (0.215 6)	0.911 6*** (0.215 3)	1.042 9*** (0.218 8)	0.958 2*** (0.172 1)	1.652 2*** (0.247 4)
cons	10.356 1*** (1.377 8)	8.578 6*** (1.373 0)	10.795 8*** (1.372 1)	18.824 3*** (1.188 7)	10.571 3*** (1.366 2)
obs	621	621	621	621	621
R^2(overall)	0.000 2	0.001 7	0.000 1	0.015 8	0.000 2
Prob>F	0.000 0	0.000 0	0.000 0	0.000 0	0.000 0

注:* 表示 1%水平显著,** 表示 5%水平显著,*** 表示 10%水平显著,()内的为变量的标准差。

(13)和(14)表明，国际技术扩散与本土研发能力的交互项显著为负，意味着随着 FDI 和国际贸易所带来的国际技术扩散程度的提高，本土知识生产对 TFP 的边际贡献呈下降的趋势，这也证明了假说 4。在(13)和(14)中，*fdi* 和 *open* 的临界值分别为0.128 8和 0.493 3，我国整体、东部、中部以及西部的 *fdi* 和 *open* 的均值分别为0.078 2和 0.279 1，0.141 6 和 0.519 3，0.052 1 和 0.184 4，0.033 2 和 0.102 4，这意味着在考虑国际技术扩散和自主研发能力的交互效应之后，全国总体以及中部和西部地区本土知识的生产能力对 TFP 的边际贡献为正，而东部地区的边际效应为负。这是由于东部地区 FDI 和国际贸易的丰富程度远高于中西部地区，国际技术扩散对自主研发能力的挤出和锁定效应也比中西部地区强，这很好地验证了假说 3。同时，意味着在目前的条件下，缺乏产业升级引导的国际技术扩散对 TFP 的边际报酬递减，只有实现自主研发能力和国际技术扩散质量的同步提升，才能促进 TFP 的持续增长。

(3)的结果显示 FDI 与技术差距的交互项为负，但不显著，意味着技术差距不会影响 FDI 所带来的技术转移对 TFP 的边际贡献。国际贸易与技术差距的交互项显著为正，(7)中对 *open* 求偏导可得：

$$\frac{\partial TFP}{\partial open}=1.442\,4*catch-3.249\,7 \tag{15}$$

(15)表明技术差距的扩大会减缓国际贸易对我国 TFP 的不利影响。在(15)中，*catch* 的临界值为 2.253，我国整体、东部、中部以及西部的 *catch* 的均值依次为 3.004 0、1.220 4、3.555 0 和 4.485 1，意味着在考虑技术差距和国际贸易的交互效应之后，全国总体以及中部和西部地区的国际贸易对 TFP 的边际贡献为正，而东部地区的边际效应为负。

6.4.2 自主研发与 TFP

模型(1)和(5)中 *lnp* 的符号都显著为正，这表明，随着自主研发能力的增强，TFP 的增长率会增加，这也验证了假说 1。

如前所述，自主研发不仅通过自主创新来增加知识存量，还可以通过增强我国对国外技术转移的吸收能力，即将与技术领先国家的技术差距的潜在提升空间转化为现实。模型(1)、(2)、(5)和(6)的结果都显示,*catch* 的符号显著为负,这表明技术差距越小,TFP 的增速越快。(4)和(9)中 *catch* 与 *lnp* 的交互项为正,这意味着自主研发能力越强,技术差距对 TFP 的边际贡献越强。(4)和(9)分别对 *catch* 求偏导可得:

$$\frac{\partial TFP}{\partial catch}=0.781\ 6*lnp-6.198\ 7 \tag{16}$$

$$\frac{\partial TFP}{\partial catch}=0.772\ 1*lnp-6.059 \tag{17}$$

在(16)和(17)中,*lnp* 的临界值分别为 7.930 8 和 7.847 4,我国整体、东部、中部以及西部的 *lnp* 的均值依次为 7.430 1、8.343 1、7.275 8 和 6.654 4,意味着在考虑国际技术扩散和自主研发能力的交互效应之后,技术差距对 TFP 的边际贡献除了在东部地区为正外,在全国总体以及中部和西部地区都为负。这表明自主研发能力的强化才是将 TFP 增长的潜力转化为现实的基础,很好地支持了假说 4。

6.4.3　其他变量

各控制变量估计系数的符号均与理论预期高度一致。*gdpper* 的符号在绝大多数情况下显著为负,但对 TFP 的影响不大,意味着在现有增长模式下,经济发展水平的提高并不会自发地提高 TFP。*ict* 的符号显著为正,意味着随着基础设施的不断完善,知识扩散以及交易成本不断下降,有利于提高 TFP。*yd* 的符号显著为正,表明与分税制改革之前相比,分税制改革明显提高了 TFP。*soe* 的符号显著为负,表明市场化程度的不断加深有利于 TFP 的增长。

6.5 结论

本章以知识创造为视角,对国际技术扩散制约 TFP 增长的作用机制进行理论分析和实证检验,主要结论如下:

第一,国际技术扩散通过对自主研发能力的锁定效应和挤出效应弱化了自主研发能力对 TFP 的正面影响,这种效应与其存量正相关。FDI 与技术差距的交互项为负,但不显著,国际贸易与技术差距的交互项显著为正。

第二,自主研发能力对 TFP 有显著正的影响,技术差距对 TFP 的边际贡献随着自主研发能力的增强而提高。TFP 随着经济发展而不断下降,但下降幅度不大。分税制改革、基础设施的不断完善以及市场程度的不断提高对 TFP 都具有显著正的影响。

第七章 经济增长视野下政府支出效率影响因素的实证检验

7.1 引言

目前关于政府支出与经济增长的关系没有得出一致的结论，Fisher & Keuschnigg(2002)、Barro(1991)、Barro & Xavier(1995)认为，政府支出与经济增长正相关，Schaltegger & Torgler(2006)认为政府支出与经济增长负相关，Barro(1990)和杨子晖(2011)认为政府支出对经济增长具有非线性的作用。如图7-1所示，分税制改革之前，政府支出规模与我国经济增长相关性不高；分税制改革之后，经济增长与政府支出规模的相关性明显增强。政府支出通过增加基础设施[娄洪(2004)；中国社会科学院经济研究所经济增长前沿课题组(2004)]和人力资本存量(廖楚晖，2006)促进经济增长。但是政府支出对经济增长的贡献并不是没有代价的，Barro(1990)指出，在支出规模较低时，税率较低，政府支出与经济增长正相关；随着支出规模的增加，税率逐步增加，政府支出与经济增长负相关。因此，维持和优化政府支出对经济增长的贡献对于我国经济的可持续发展具有非常重要的现实意义。由于政府支出规模扩张的空间越来越狭小，提高效率将是优化政府支出的经济增长效应的主要方向。

Afonso & Fernandes(2006)、MTB等(2002)以及陈诗一、张军(2008)通过构建指标体系、运用DEA-Tobit两阶段分析法，对政府供给公共产品的效率进行评价，对政府支出效率的影响因素进行实证检验。与现有文献相比，本章具有如下特点：第一，将政府支出效率的外延从公共产品的供给效率拓展至促进经济增长的效率[①]。第二，用 DEA 中的视窗分析法评价政府支出效率。视窗分析法将 DEA 的决策单元（DMU）的比较维度从截面数据拓展为面板数据，可以更好地揭示政府支出效率演化的规律。本章的结构安排如下：第二节运用 DEA 视窗分析法核算各省份政府的支出效率，通过核密度估计分析我国政府支出效率分布的特点及变化趋势。第三节提出政府支出效率的影响因素，并运用受限的 Tobit 模型对政府支出效率的影响因素进行实证检验。最后，进行总结。

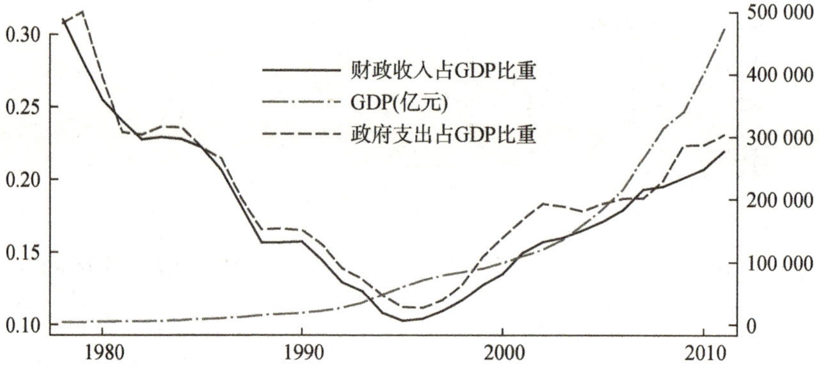

图 7-1　政府支出与 GDP 关系演化图

① 为了简单起见，本章将政府支出促进经济增长的效率简称为政府支出效率。

7.2　政府支出效率的评价

7.2.1　评价方法

DEA是一种对不同决策单元的相对效率进行评价的非参数方法。DEA认为决策单元的效率前沿通过每个决策单元求解线性规划来确定，效率前沿应该尽可能紧地包络所有的数据点。政府支出效率关注的是在支出规模既定的条件下，提高政府支出对经济增长的贡献效率，因此，本章选择基于投入的模型对政府支出效率进行评价。DEA通过求解如下的线性规划来对决策单元0的相对效率进行评价。

$$\min\theta_0$$

$$\text{st.}\qquad \theta_0 x_{k,0}-\sum_{i=1}^{n}\lambda_i x_{k,i}, \qquad k=1,\cdots,m$$

$$\sum_{i=1}^{n}\lambda_i y_{r,i}\geqslant y_{r,0}, \qquad r=1,\cdots,s$$

$$\theta_0>0$$

其中，x_0、x_i 和 y_0、y_i 分别表示决策单元0、i 的投入和产出，k 和 r 分别表示投入和产出的种类，n 表示决策单元的数量，λ_i 是不同的决策单元与决策单元0相比时所赋予的权重。通过对上式进行 n 次求解，可以得到决策单元 i 的效率值 θ_i。如果 $\theta_i<1$，决策单元 i 在技术上是无效率的，i 可以通过在不减少产出的条件下降低投入提高效率。如果 $\theta_i=1$，表明决策单元 i 处于效率前沿。

视窗分析法由Charnes等(1985)首先提出，是对面板数据的投入产出进行效率评价的方法，它并不是将所有的DMU的效率进行评价，而是将窗口期内的DMU的效率进行比较。其主要思想为：假设有 N 个主体，$i=1,2,\cdots,N$，每个主体有 M 期数据，$t=1,2,\cdots,M$。如果窗口时间长度为 K，那么从第1期至第 K 期的所有 N 个主体的数据作为第1个窗口，将该窗口的 $N\times K$ 的DMU的效率进行比较，计算每个DMU在该窗口的相对效率值。然后，以第2期至 $K+1$ 期所有 N 个主体的数据为第2个窗口，计算每个DMU的相对效率值。以此类推，直至计算到最后一个窗口，在窗口长度为 K 的样本中，共计算 K 个窗口。

7.2.2 评价结果分析

本章以 1985—2010 年除西藏、四川和重庆之外的省份为样本，以人均预算内财政支出代表各省份为了促进经济增长政府投入的资源，作为投入变量。以各省份的人均 GDP 作为产出变量。考虑到我国政府换届的周期为 4 年，DEA 视窗分析窗口的长度设为 4 年。通过对政府支出效率计算结果的分析[①]，我们得到如下结论：

第一，我国各省份政府支出效率呈现多峰分布，支出效率在不同水平上集聚，具有"俱乐部效应"。如图 7-2 所示，以全国整体的效率为参照，东部各省份的效率最高，中部次之，西部最低[②]。东部、中部和西部政府支出效率的均值分别为 0.649 5、0.534 3和 0.343 3。而且，三大地区内部各省份之间效率的变异程度也呈现东部最强，中部居中，西部最弱的特点，东部、中部和西部的标准差分别为0.169 1、0.101 6和0.082 4。

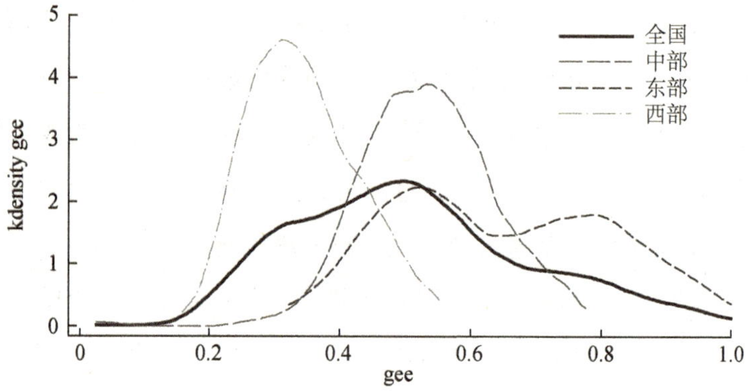

图 7-2 1985—2010 年中国政府支出效率总体分布图

① 由于本书篇幅有限，关于政府支出效率评价结果的数据不在文中列出，读者如有需要可以向作者索取。

② 东部包括北京、天津、河北、辽宁、上海、江苏、浙江、福建、山东、广东和海南，中部包括山西、吉林、黑龙江、安徽、江西、河南、湖北和湖南，西部包括贵州、云南、陕西、甘肃、青海、宁夏、新疆、内蒙古和广西。

第二，制度创新和外部冲击影响政府支出效率。由图 7-3 和图 7-4 我们可以发现：1985—1994 年，政府支出效率的均值在增加，不同地区政府支出效率的差异在缩小，低效率区域和高效率区域的省份在减少。1994 年开始的分税制改革，提高了政府支出的效率，不仅延长了效率分布的右尾的长度，而且在高区域部分形成了一个波峰。1994—2010 年，政府支出效率的均值逐步向左移动，右尾的长度逐步减少，位于高效区域和低效区域的省份都在增加，但位于均值附近的省份在减少。这表明政府支出效率的整体水平在下降，地区间政府支出效率的差距在扩大。在上述时间节点上，我国发生了一些和政府支出效率相关的变化：1992 年开始建立市场经济体制，1994 年分税制改革，1998 年公共财政建设起步，2007 年全球金融危机爆发。

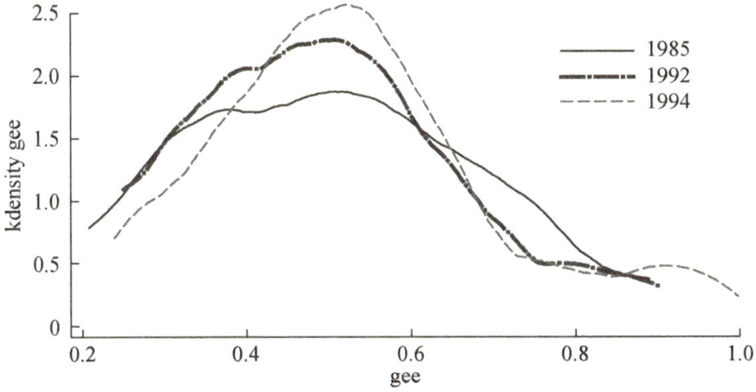

图 7-3　1985—1994 年中国各省份政府效率分布图

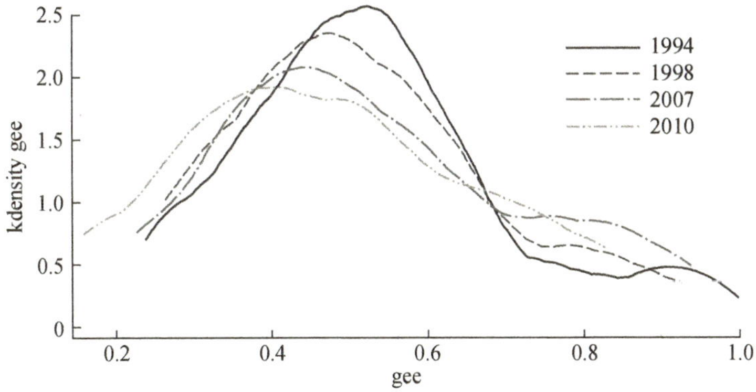

图 7-4　1994—2010 年中国各省份政府效率分布图

为什么不同地区政府的支出效率会呈现如此差异？市场化、财政分权、公共财政以及金融危机会对政府支出效率有何影响？下文将对上述问题的显著性进行实证检验。

7.3 政府支出效率的影响因素、实证模型及数据说明

7.3.1 影响因素与变量选择

现有关于政府支出效率的研究为本章变量的选择提供了有益的借鉴。Hauner & Kyobe(2010)认为，政府在教育和卫生领域的支出效率受经济、制度以及人口和地理等因素的影响。在经济层面，他们选取了教育和卫生支出分别占 GDP 的比重、人均 GDP、贸易依存度以及通货膨胀率等变量；在制度层面，选取了腐败程度、民主程度以及社会基础设施等变量；在人口与地理层面，则选取了 65 岁以上和 14 岁以下人口占总人口的比重和人口密度等变量。Hauner(2008)以俄罗斯为样本，发现政府支出效率与人均收入、政府治理以及民主程度正相关，与联邦的转移支付占地方政府收入的比重以及政府支出规模负相关。Adam 等(2012)指出，政府提供教育和医疗服务的效率与财政分权呈倒"U"形关系。韩华为、苗艳青(2010)发现，我国地方政府卫生支出效率的差异由区域人口密度、居民受教育水平、人均 GDP、财政分权和医疗体制改革等因素造成。陈仲常、张峥(2011)指出，政府规模、西部地理区位与公共支出效率显著负相关，人口密度、经济增长率、市场化水平与公共支出效率显著正相关。陈诗一、张军(2008)发现，政府支出效率受各地区不同的地理环境和人口禀赋等地方政府不可控制因素、分税制以及地方政府的财政行为变量的影响。

依据娄洪(2004)和廖楚晖(2006)等的研究，本章通过图 7-5 描述了政府支出促进经济增长的机制，以此为参照可以更好地理解政府支出对经济增长促进效率的内涵及影响因素。政府支出效率分解为配置效率、公共产品的投入—产出效率以及公共产品对经济增长贡献的效率。其中，配置效率指在政府支出规模既定的条件下，政府支出结构与促进经济增长最优结构的匹配程度。公共产品的投入—产出效率指特定政府支出所转换成公共产品的数量，公共产品对经济增长贡献的效率指既定的公共产品水平对经济增长的贡献程度。

政府支出效率界定的差异决定了本章在自变量的选择上同样需要作出改变。

由于不同类型的政府支出对经济增长影响各异(Tanzi & Howell,1997),因而支出结构会影响政府支出对经济增长的促进效应(Devarajan et al,1996),地区的经济条件也会影响政府支出对经济增长的贡献程度。因此,本章在已有研究的基础之上,增加反映政府支出结构和地区经济条件的变量,具体如表 7-1 所示。

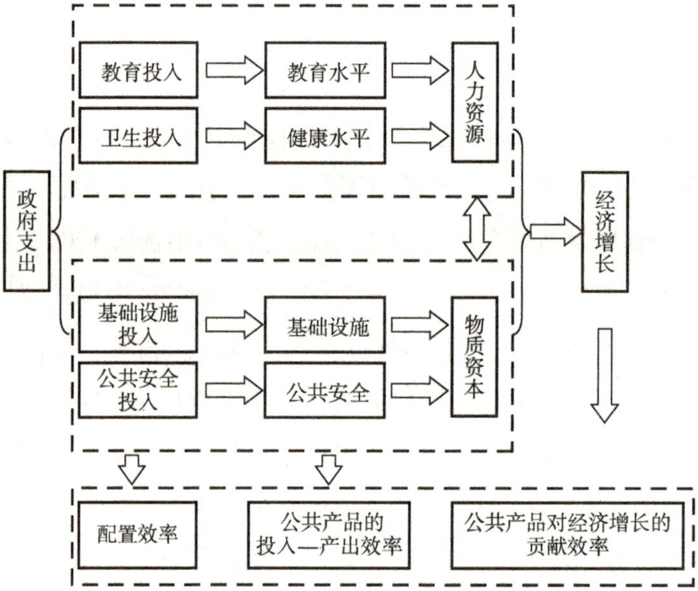

图 7-5　政府支出对经济增长作用机制图

表 7-1　政府支出效率的影响因素

影响因素		度量变量	预期符号
政府支出结构：*ge_str*		科教文卫支出/政府预算内支出	+
财政分权度：*FD*		人均省级政府预算内支出/(人均省级政府预算内支出+人均中央预算内支出)	—
地区经济条件	市场化程度：*soe*	国有企业从业人数/城镇业就人口比重	—
	工业化程度：*indshare*	工业增加值/GDP	+
	地区开放程度：*open*	进出口总额/GDP	不确定
	政府支出规模：*geshare*	预算内政府支出总额/GDP	不确定
	政府治理水平：*govce*	行政管理费用/预算内政府支出总额	—
人口密度：*pop_den*		每平方公里的人口数	+

7.3.2 实证模型及数据说明

由于政府支出效率值介于0和1之间，为了保证估计结果的有效性，本章将用受限Tobit模型对政府支出效率的影响变量进行回归。本章实证检验的模型设定为：

$$eff_{it}=\beta_0+\beta_1 indshare_{it}+\beta_2 open_{it}+\beta_3 FD_{it}+\beta_4 govce_{it}+\beta_5 ge\_str_{it}+\beta_6 geshare_{it}$$
$$+\beta_7 soe+\beta_8 pop\_den+\beta_9 D1+\beta_{10} D2+\beta_{11} T+\varepsilon_{it} \quad (1)$$

本章以1985—2010年除四川、重庆、西藏和海南以外的省际面板数据为样本，(1)中的eff_{it}代表政府支出效率，该变量来源于DEA计算的结果，是本章的被解释变量。

为了检验地区性因素和分税制改革对政府支出效率的影响，本章引入了地区虚拟变量D和分税制改革虚拟变量T。其中，东部地区$D1=1$，西部地区$D2=1$。1994年以前，$T=0$，1994年之后，$T=1$。

7.4 实证结果及进一步分析

7.4.1 政府支出效率的差异性

表 7-2 的模型(4)中，$D1$ 的系数显著为正，$D2$ 的系数显著为负，这表明东部地区的政府支出效率比中部地区高 0.154 484 4，西部地区的政府支出效率比中部地区低 0.052 592 6。分税制改革虚拟变量的系数显著为正，表明与改革之前相比，分税制改革使得政府支出效率提高了 0.028 381 3。模型(5)中 $T\times D1$ 的系数显著为正，$T\times D2$ 的系数显著为负，表明分税制改革对政府支出效率的提高因不同地区而异，分税制改革使得东部地区政府支出效率比中部地区提高了 0.065 369 0，西部地区比中部地区下降了 0.018 615 8，分税制改革扩大了区域之间政府支出效率的差异。

7.4.2 财政分权与政府支出效率

模型(2)、(4)、(5)的结果显示财政分权度 FD 系数显著为负，表明随着财政分权程度的提高，政府支出效率下降。Yingyi & Barry(1997)、Yingyi(1999)以及林毅夫、刘志强(2000)认为，分权促进了中国的经济增长。为什么财政分权促进了经济增长，却没有提高政府支出促进经济增长的效率呢？

第一，中国式分权的趋同效应导致分权的信息优势失灵。分权体制下地方政府具有信息优势，能更好地响应地方选民的偏好，有效地提供地方公共服务(Tiebout,1956)。我国中央政府不仅在官员奖惩和任免上拥有绝对的权威，而且把经济增长的相对绩效作为官员晋升的标准。如果地方政府依据各地的比较优势选择差异化的发展道路，那么地方政府需要承担由此所带来的风险，并且短期内无法获得经济增长的收益。因此，各级地方政府更倾向于模仿，而这最终导致产业结构趋同。王燕武、王俊海(2009)指出，近年来，我国产业结构趋同的关键因素是 GDP 增长率等指标带来的晋升激励扭曲。这表明我国的分权制度并没有激励各级政府选择差异化的发展路径，反而导致各地选择同质化的产业结构和发展模式。这种经济发展路径虽然在短期内可以促进经济总量增长，但削弱了分权所产生的信息优势，而且长期下去还会陷入产能过剩的困境，不利于政府支出效率的提升。

第二，中国式分权导致政府支出结构失衡。经济增长是物质资本和人力资本共同作用的结果，政府在教育和卫生等领域的支出是形成人力资本的重要手段，而在基础设施等领域的支出则是物质资本积累的方式，因此，合意的政府支出结构对经济增长效率至关重要。政府支出既可以通过供给基础设施增加私人资本的边际变量，也可以通过增加人力资本进而提高全要素生产率来促进经济增长。在不同的经济发展阶段，这两种类型的支出对政府支出的效率影响各异：在经济发展初期，基础设施领域的支出更能促进政府支出效率的提高，而由于基础设施具有网络性以及私人资本边际变量递减规律，基础设施领域的支出对政府支出效率的贡献是递减的。严成樑、龚六堂（2009）发现，生产性公共支出并不一定总是促进经济增长，生产性公共支出对经济增长的影响存在地区差异。而人力资本领域的支出对政府支出效率的边际贡献是递增的，表 7-2 的模型（2）、（3）和（4）中 *ge_str* 的系数显著为正证明了这一点。如图 7-6 所示，分权程度与政府在人力资本领域的支出负相关。傅勇、张晏（2007），龚锋、卢洪友（2009）等的研究都表明随着财政分权程度的增加，政府支出结构失衡不断加深，基本建设支出过度供给，政府供给的消费型公共服务低于居民实际偏好的需求水平的可能性增大。

表 7-2　政府支出效率影响因素的实证检验

被解释变量：*eff*

解释变量 \ 模型	(2)	(3)	(4)	(5)
indshare	0.622 656 3*** (0.041 900 0)	0.666 878 9*** (0.045 521 5)	0.561 612 9*** (0.041 413 6)	0.641 914 6*** (0.040 276 5)
open	−0.020 375 0** (0.009 675 5)	−0.023 184 4** (0.009 704 7)	−0.021 385 3** (0.009 353 3)	−0.027 959 4*** (0.008 931 7)
soe	−0.108 422 9*** (0.014 570 5)	−0.105 548 8*** (0.014 594 3)	−0.044 238 6** (0.019 883 2)	−0.031 871 7* (0.018 843 5)
FD	−0.837 750 5*** (0.058 481 8)	−1.397 482 0*** (0.238 661 7)	−0.847 637 6*** (0.054 877 6)	−1.037 634 0*** (0.058 156 0)
FD^2		0.585 628 8** (0.242 083 4)		
govce	−3.593 983 0*** (0.332 375 3)	−3.392 566 0*** (0.340 924 5)	2.926 442 0*** (0.336 903 1)	−2.706 325 0*** (0.320 368 9)
ge_str	0.235 677 7*** (0.068 018 2)	0.230 852 4*** (0.067 808 2)	0.174 563 0** (0.067 966 0)	0.103 220 0 (0.064 439 1)

续表

解释变量＼模型	(2)	(3)	(4)	(5)
geshare	−0.025 835 4 (0.018 193 6)	−0.064 791 0*** (0.024 224 0)	−0.022 599 5 (0.017 707 4)	0.003 905 3 (0.017 062 9)
pop_den	0.000 098 4*** (0.000 023 1)	0.000 104 9*** (0.000 023 1)	0.000 056 2*** (0.000 021 5)	0.000 040 3* (0.000 020 8)
T		0.028 381 3*** (0.005 826 5)	0.013 711 5* (0.007 668 1)	
*D*1		0.154 484 4*** (0.030 065 1)	0.145 520 6*** (0.032 927 0)	
*D*2		−0.052 592 6* (0.029 478 0)	−0.031 802 3 (0.032 847 6)	
T×*D*1				0.065 369*** (0.009 441 8)
T×*D*2				−0.018 615 8** (0.009 273 6)
cons	0.675 196 4*** (0.041 146 5)	0.782 784 0*** (0.060 414 7)	0.630 955 2*** (0.039 087 4)	0.689 631 0*** (0.039 910 8)
/sigma_u	0.091 939 7	0.092 157 5	0.057 542 1	0.063 782 0
/sigma_e	0.049 217 1	0.049 000 3	0.048 373 3	0.045 450 5
rho	0.777 262 8	0.779 601 1	0.585 923 1	0.663 224 6
卡方值	672.33	684.37	845.75	944.41
对数似然比	1 056.984 4	1 059.901 4	1 081.095 5	1 120.485 8
样本数	702	702	702	702

注：* 表示 1%水平显著，** 表示 5%水平显著，*** 表示 10%水平显著，()内的为变量的标准差。

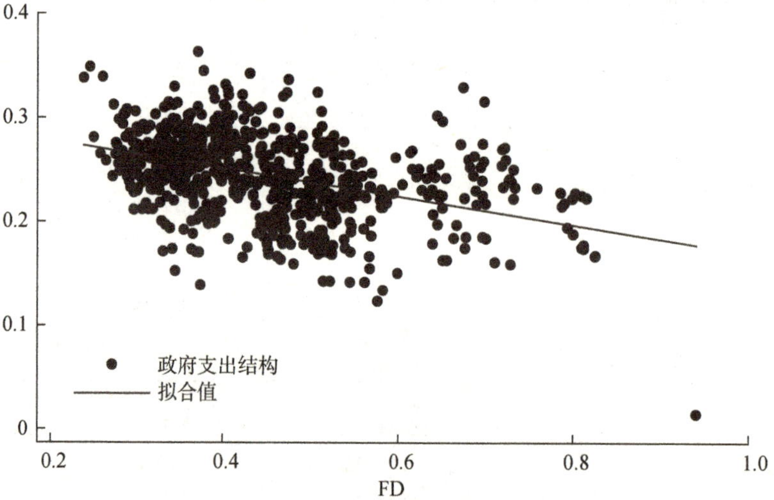

图 7-6　财政分权与政府支出结构关系图

7.4.3 地区经济条件与政府支出效率

模型(2)、(3)、(4)和(5)的结果显示，工业化程度 *indshare* 系数显著为正，表明工业化程度每增加 1 个单位，政府支出的效率会增加 0.561 612 9 至 0.666 878 9 个单位。这是因为目前我国还处于工业化阶段，工业仍然是我国经济增长的主要动力，工业化程度的加深不仅可以让物质资本和人力资本的经济增长效应得到最大程度的发挥，也可以降低基础设施领域的单位成本。人口密度 *pop_den* 系数显著为正，说明人口密度每增加一个单位，政府支出效率会增加 0.000 040 3 至 0.000 104 9 个单位。人口密度和工业化程度显著为正的符号，表明政府支出对经济增长的贡献具有明显的规模经济性。

经济开放程度 *open* 系数显著为负，表明开放程度每增加 1 个单位，政府支出效率会下降 0.020 375 0 至 0.027 959 4 个单位。这是因为：模块化是产品在全球内生产的重要形式(Sturgeon，2002)，发达国家的跨国公司主要集中于产品研发、系统集成以及市场营销等环节，我国依托廉价的劳动力和庞大的产能从事产品制造、组装等环节。在这种模式下，国际贸易的增加能促进我国经济总量的增长，但未必会带来经济增长效率的增加。

市场化程度 *soe* 系数显著为负，由于国有企业从业人数占城镇就业人口的比重是市场化程度的逆指标，所以随着市场化程度的提高，政府支出效率会增加。市场化程度越高，一方面对政府行为的约束机制会逐步完善，另一方面可以提高资源的配置效率，进而提高私人资本的产出绩效。

政府治理水平 *govce* 系数显著为负，由于行政管理费用占总支出的比重是政府治理水平的逆指标，所以政府治理水平越高，政府支出的效率越高。有效的政府治理会约束政府行为，可以提高既定支出的公共产品产出水平，进而提高政府支出效率。

政府支出规模 *geshare* 的符号不显著，这也验证了政府支出效率与其规模并没有必然的联系，相比较规模而言，财政分权程度、政府支出结构以及地区特征的经济条件对政府支出效率的影响更大。

7.5 结论

本章运用 DEA-Tobit 两阶段分析法对政府支出效率进行评价，并对政府支出效率的影响因素进行了实证检验，主要得到如下结论：

第一，政府支出促进经济增长的效率分解为：配置效率、公共产品的投入——产出效率和公共产品对经济增长贡献的效率。其中，配置效率指在政府支出规模既定的条件下，政府支出结构与促进经济增长最优结构的匹配程度。公共产品的投入——产出效率指特定政府支出所转换成的公共产品的数量，公共产品对经济增长贡献的效率指既定的公共产品对经济增长的贡献程度。

第二，我国各省份政府支出效率呈现多峰的分布特征，各省份政府的支出效率在不同水平上呈现集聚的特征，呈现出“俱乐部效应”。以中部地区为基准，东部地区的政府支出效率比中部地区高 0.154 484 4，西部地区的政府支出效率比中部低 0.052 592 6。分税制改革促进政府支出效率提高了 0.028 381 3，分税制改革对政府支出效率的提高因不同地区而异。以中部地区为基准，分税制改革使得东部地区政府支出效率提高了 0.065 369 0，西部地区下降了 0.018 615 8，分税制改革扩大了区域之间政府支出效率的差异。

第三，中国式分权导致分权的信息优势失灵以及政府支出结构失衡，使得财政分权程度与政府支出效率负相关。政府支出效率与工业化程度、人口密度、市场化程度以及政府治理水平正相关，与开放程度负相关，而与政府支出规模的关系不显著。

第八章 政府支出与城镇居民工资关系的实证检验

8.1 引言

教育收益率一直以来都是经济学研究的热点问题，从现有文献来看，我国的教育回报率具有如下特点：第一，教育回报率随着改革开放的不断深入而不断升高（Zhang 等，2005；李实、丁赛，2003；岳昌君，2004）。第二，按不同教育级别计算，随着受教育程度的提高，年均教育收益率也逐步提高。相对于受小学教育者而言，初中、高中、中专、大学专科、大学本科的年均教育收益率依次为 3.74%、5.24%、5.40%、6.24%和 8.84%（岳昌君，2004）。但是我国教育回报率在某种程度上呈现收敛的态势：麦可思发布的《长江三角洲地区本科毕业生就业跟踪分析》显示，长三角地区 2009 届本科毕业生中，有 22%在国有企业就业，平均月收入 3 007元；有 40%就职于民营企业或个体行业，平均月收入 2 377 元；而在政府机关、科研事业单位等工作的，平均月收入 2 713 元。综合下来，长三角地区本科毕业生在毕业半年后实际月收入 2 667 元，还不及长三角某些技术工种的工资。在南京安德门民工市场，电焊工、瓦工、木工等的日工资已经达到 120—150 元，搬运工、装卸工等重体力工种的月工资也在 3 000 元以上。为什么我国的教育回报率会呈现这种趋势？居民工资的影响因素究竟是什么？这些将是本章研究的核心问题。

现有文献对工资的影响因素进行了广泛的分析：Zhang 等（2005），李实、丁赛（2003），张车伟（2006）和岳昌君（2004）等估算了教育对居民工资的影响。张建红

(2006)考查了工资体制、对外开放、所有制改革、地方保护、教育水平和资本投入等因素对地区工资水平的影响。岳昌君(2004)分析了教育、地区差异、行业差异、单位所有制差异、职业差异等对个人收入的影响。刘林平、张春泥(2007)指出,人力资本中的教育年限、培训、工龄等变量对农民工工资有显著的正向影响,年龄和性别也有显著影响;企业制度中的企业规模和工种对工资有显著影响,规模越大,工资越高,工种表现出明显的等级性。企业所属行业和企业性质、是否签订劳动合同、社会资本变量、社会环境变量和缺工情况对工资没有显著影响。李雪辉、许罗丹(2002),杨泽文、杨全发(2004)对FDI与居民工资的关系进行了探讨。包群等(2011)分析了出口与居民收入之间的关系。

19世纪后期,美国经济学家约翰·贝茨·克拉克在其著作《财富的分配》中提出了边际生产力分配论。他认为,劳动和资本(包括土地)各自的边际生产力决定了它们各自的产品价值,也同时决定了它们各自所取得的收入。本章以该理论为基础,将公共资本投资、人力资本投资等变量引入生产函数,分析其对居民工资的影响,提出实证分析的假说。然后,以我国的省际面板数据为样本,对居民工资的影响因素进行实证检验。

本章的结构安排如下:第二节从劳动边际产品收益的视角分析居民工资的影响因素及影响机制,提出本章实证分析的假说。第三节对本章实证分析的模型、变量与数据进行说明。第四节阐述实证分析的结果并解释其成因。最后,进行总结。

8.2　居民工资影响因素的理论分析：劳动边际产品收益的视角

假设企业 i 是产品市场上的垄断者，其所面临的需求函数为 $P_i=b-a*Q_i$；企业 i 在要素市场上为价格的接受者，其生产函数为：$Q_i=(A_iL_i)^{\alpha}K_{Pi}^{\beta}K_{Gi}^{\gamma}$ $\alpha+\beta+\gamma=1$。

其中，A_iL_i 表示人力资本存量，K_{Pi} 表示私人资本存量水平，而 K_{Gi} 表示公共资本存量水平，t 表示税率。

企业 i 的利润函数为：

$$\pi_i=(1-t)P_i*Q_i-(w*A_iL_i+r*K_{pi}) \tag{1}$$

企业利润最大化的 FOC 条件为：

$$\frac{\partial\pi}{\partial L}=(1-t)\alpha A_i^{\alpha}L_i^{\alpha-1}K_{Pi}^{\beta}K_{Gi}^{\gamma}(b-2aQ_i)-w=0 \tag{2}$$

$$\frac{\partial\pi}{\partial K_P}=(1-t)\beta(A_iL_i)^{\alpha}K_{Pi}^{\beta-1}K_{Gi}^{\gamma}(b-2aQ_i)-r=0 \tag{3}$$

其实，在（2）、（3）中 $\frac{\partial Q_i}{\partial L_i}=\alpha A_i^{\alpha}L_i^{\alpha-1}K_{Pi}^{\beta}K_{Gi}^{\gamma}$，$\frac{\partial TR_i}{\partial Q_i}=(1-t)(b-2aQ_i)$，$\frac{\partial Q_i}{\partial K_{Pi}}=\beta(A_iL_i)^{\alpha}K_{Pi}^{\beta-1}K_{Gi}^{\gamma}$。

因此

$$w=(1-t)\alpha A_i^{\alpha}L_i^{\alpha-1}K_{Pi}^{\beta}K_{Gi}^{\gamma}(b-2aQ_i)=MP_L*MR(Q) \tag{4}$$

通过(4)我们可以发现居民工资的影响因素：

第一，劳动的边际产量。这是劳动产出的最大技术边界，在边际收益不变的条件下，工资与劳动的边际产量正相关。劳动的边际产量受人力资本投资、私人资本以及公共资本投资水平等因素影响。

首先，人力资本投资是工资水平差异的决定性变量。Nelson & Phelps(1966)指出，受过教育的人能更好地调整以适应经济环境的变化。Mincer(1974)认为，在完全竞争的劳动力市场上，人力资本决定劳动者的劳动生产率，人力资本较高的劳动者劳动生产率也较高，因此获得较高的劳动报酬。John 等(1999)的研究证实个人因素是法国工资差异的主要来源，其中个人因素可以解释行业间工资差异的 90%，解释企业间工资差异的 75%。根据以上理解，我们提出假说 1：

假说 1　人力资本投资对工资有显著影响，人力资本投资水平与工资正相关。

其次，私人资本是人力资本在生产过程中的互补品，是人力资本价值实现的平台和基础，其质量决定了特定水平的人力资本的收益率。Allen(2001)指出，伴随着 R&D 支出以及劳动产出比的增加，特定行业内由教育导致的工资差距增加。随着 R&D 支出的增加，经验导致的工资差距会扩大。Dunne & Schmitz(1995)指出，高技术的企业支付更高的工资并且雇佣更多的熟练工人。Krueger (1993)在控制了工人个体特征的变量之后，发现工作中使用电脑的员工比不使用电脑的员工的工资高 10%—15%。Khan & Lim(1998)认为，技术和资本是互补品，计算机自动化提高了熟练工人的工作时间，进而可以提高工人的边际产量。由此，我们提出假说 2：

假说 2　私人资本对工资有显著影响，私人资本与工资正相关。

再次，公共资本通过影响私人资本的利润率影响居民的工资水平。一方面，公共资本可以提高企业的生产效率(Murmell，1990)、降低生产成本(Nadiri & Mamuneas，1994)；另一方面，随着公共资本的增加，企业的税收会增加，而且基础设施的完善会加剧资本的流动，从而加剧企业所面临的竞争，这些都不利于企业利润的增加。因此，公共资本对产品边际收益的影响具有不确定性，取决于两者的净效应。

根据上述分析，我们提出假说 3：

假说 3　公共资本通过产品的边际收益对工资具有显著影响，但影响具有不确定性。

第二，产品的边际收益。在技术既定的条件下，产品的边际收益是劳动产出经济回报的最大边界。产品的边际收益与企业的利润水平正相关，而高利润的企业支付给居民的工资水平就高，反之亦然。因此，我们提出假说 4：

假说 4　产品的边际收益对居民工资具有显著影响，产品的边际收益与居民工资水平正相关。

8.3 模型、变量与数据

Mincer 方程是估算人力资本投资回报率最常用的方法，为了验证本章所提出的假说，我们将私人资本的数量、公共资本投资水平以及产品的边际收益等变量引入 Mincer 方程。本章实证分析的基本模型为：

$$lnwage_{it}=\beta_0+\beta_1 K_{Hit}+\beta_2 K_{Git}+\beta_3 K_{Pit}+\beta_4 MR_{it}+\beta_5 indshare_{it}+\beta_6 fdishare_{it}+\varepsilon_{it}$$

其中，i 表示省份，t 表示时间。$lnwage_{it}$ 是被解释变量，即职工平均工资水平的对数值。K_{Hit}、K_{Pit}、K_{Git} 和 MR_{it} 分别表示人力资本投资水平、私人资本的数量、公共投资水平和产品的边际收益。$indshare_{it}$ 和 $fdishare_{it}$ 为本章引入的控制变量，分别代表工业化水平和 FDI 对经济影响的程度。ε_{it} 代表残差项。

本章以 1998—2009 年除西藏外的省际面板数据为样本，对政府支出与居民工资水平的关系进行实证检验。本章所使用的数据来自于《中国统计年鉴》(1999—2010)、《新中国五十年统计资料汇编》以及各省市的统计年鉴。具体变量说明如下：

$lnwage_{it}$：用各省份的职工平均工资的对数值来表示，为了剔除物价的影响，以 1978 年的 CPI 为 100 进行调整。

K_{Hit}：目前，还没有一个统一的计量方法，已有研究中常用的度量方法有受教育年限法(Yan & Yudong，2003)、教育经费法（沈利生、朱运法，1999)、各级教育入学率（Barro，1991)。根据数据的可得性和本章的分析目的，我们采用卫生和教育经费支出占政府支出的比重来衡量，预期符号为正。

K_{Pit}：用规模以上工业企业的人均销售收入来表示，为了剔除物价的影响，以 1978 年的 CPI 为 100 进行调整，预期符号为正。

K_{Git}：郭庆旺、贾俊雪(2006)用预算内固定资产投资数据表示公共资本投资，本章借鉴这一做法，用预算内固定资产投资占政府支出的比重表示公共资本投资水平，预期符号为正。

MR_{it}：用规模以上企业的销售利润率来衡量产品的边际收益，预期符号为正。

$indshare_{it}$：用工业增加值占 GDP 的比重来表示。

$fdishare_{it}$：用按当年汇率折算的 FDI 占 GDP 的比重来表示。

8.4 实证结果及分析

本章以全国数据为样本,为了分析不同经济条件下居民工资的影响因素,我们依据不同地区经济发展条件的差异将全国样本拆分为东部、中部和西部三个样本。为考察政府支出对中国不同区域工资的影响,我们将中国大陆 30 个省份分为东、中、西部三大不同的经济地区。东部包括北京、天津、河北、辽宁、上海、江苏、浙江、福建、山东、广东和海南 11 个省份;中部包括山西、吉林、黑龙江、安徽、江西、河南、湖北和湖南 8 个省份;西部包括四川、重庆、贵州、云南、陕西、甘肃、青海、宁夏、新疆、内蒙古和广西 11 个省份。固定效应模型和随机效应模型是面板数据常用的估计方法,但由于固定效应无法有效地估计随着时间变化的因素对应变量的影响,所以本章将用随机效应模型对城镇居民工资的影响因素进行实证分析。为了分析公共资本对工资的影响,本章首先分析公共资本的独立效应,然后引入公共资本和产品边际收益的交互项。

8.4.1 公共资本投资与居民工资

如表 8-1 所示,在没有引入交互项的(1)、(3)、(5)和(7)中,公共资本投资的系数没有通过显著性检验,而在引入交互项的(2)和(8)中,公共资本投资的系数显著为正,公共资本与产品边际收益的交互项显著为负——与公共资本投资份额和产品边际收益单独增加一个单位相比,如果两者同时增加会导致居民工资分别多减少 8.751%和 13.387%。(2)、(8)分别对 K_{Git} 求偏导可得:

$$\frac{\partial lnwage_{it}}{\partial K_{Git}}=0.736-8.751*MR \tag{5}$$

$$\frac{\partial lnwage_{it}}{\partial K_{Git}}=1.18-13.387*MR \tag{6}$$

这证实了公共资本投资可以通过产品的边际收益影响城镇居民的工资,(5)、(6)意味着边际收益越高,公共资本对居民工资的贡献越小。当边际收益高于临界值时,公共资本与居民工资负相关;而当边际收益小于临界值时,公共资本与居民工资正相关。在(5)中临界值为 8.41%，而样本中边际收益的均值为5.54%，这表明从总体上看，在考虑公共资本投资与边际收益交互效应的条件下，公共资本投资对居民工资具有促进作用。在(6)中临界值为 8.82%，而西部地区样本的均值为 5.58%，这表明在考虑公共资本投资与边际收益交互效应的条件下，西部地区的公共资本投资对居民工资具有促进作用。

8.4.2　其他变量

第一，人力资本投资与居民工资。如表 8-1 所示，(1)、(2)、(3)、(4)和(8)中，人力资本投资的符号显著为正，这证实了假说 2，也与张车伟(2006)的研究结论类似。在考虑交互项的模型中，人力资本投资增加 1 个单位，中部地区居民工资增加 6.418%，西部地区居民工资增加 2.120%，东部地区居民工资增加1.963%，而全国居民工资平均增加 1.252%。

第二，私人资本与居民工资。如表 8-1 所示，(1)—(8)中，私人资本的符号显著为正，这证实了假说 3。在没有考虑交互项的模型中，私人资本投资增加 1 个单位，中部地区居民工资增加 0.769%，西部地区居民工资增加 0.542%，东部地区居民工资增加0.495%，而全国居民工资平均增加 0.638%。

第三，产品边际收益与居民工资。如表 8-1 所示，在没有引入交互项的(1)、(3)、(5)和(7)中，产品边际收益的符号显著为正，而在引入交互项的(2)和(8)中公共资本投资的系数显著为负，公共资本与产品边际收益的交互项显著为负——与公共资本投资份额和产品边际收益单独增加一个单位相比，如果两者同时增加会导致居民工资分别多减少 8.751%和 13.387%。(2)、(8)分别对 MR_{it} 求偏导可得：

$$\frac{\partial lnwage_{it}}{\partial MR_{it}}=0.736-8.751*K_{Git} \tag{7}$$

$$\frac{\partial lnwage_{it}}{\partial MR_{it}}=6.901-13.387*K_{Git} \tag{8}$$

(7)、(8)表明随着公共资本的增加，产品的边际收益对居民工资的贡献逐步减少。其中，(7)的临界值为 8.41%，当公共资本份额高于 8.41%时，产品边际收益与居民工资负相关；当公共资本份额低于 8.41%时，产品边际收益与居民工资正相关。在样本中，全国公共资本份额的均值为 14.15%，表明在考虑交互效应的条件下，产品边际收益与居民工资水平负相关。(8)的临界值为 51.55%，当公共资本份额高于51.55%时，产品边际收益与居民工资负相关；当公共资本份额低于51.55%时，产品边际收益与居民工资正相关。在样本中，全国公共资本份额的均值为 19.77%，表明在考虑交互效应的条件下，产品边际收益与居民工资水平正相关。

第四，FDI 与居民工资。在控制变量中，FDI 占 GDP 比重的符号显著为负，如表8-1 所示，(3)中 FDI 占 GDP 的比重提高 1%，工资将下降 2.599%，(4)中 FDI 占 GDP 的比重提高 1%，工资将下降 2.529%。技术外溢和贸易创造是 FDI 促进我国居民工资增长的重要渠道。包群等(2011)指出，在控制了企业规模、经营年限、地理区位以及企业所有制等因素后，没有充分证据表明企业的出口行为显著提升了员工收入，并且在改变不同配对方法，区分内外资企业，考虑企业出口密集度、工资的时滞效应以及更长时期样本区间(2000—2006 年)等各类情形下，这一结果都较为稳健。

表 8-1　政府支出与居民工资关系的实证检验

	全国样本		东部地区		中部地区		西部地区	
	(1)	(2)	(3)	(4)	(5)	(6)	(7)	(8)
K_G	0.245 (0.16)	0.736*** (0.23)	−0.239 (0.26)	−0.417 (0.69)	0.460 (0.37)	0.750 (1.09)	0.335 (0.28)	1.180*** (0.36)
K_H	1.185*** (0.45)	1.252*** (0.45)	1.929*** (0.60)	1.963*** (0.58)	0.796 (0.95)	6.418*** (1.51)	1.823** (0.72)	2.120*** (0.69)
K_p	0.638*** (0.02)	0.642*** (0.02)	0.495*** (0.03)	0.473*** (0.02)	0.769*** (0.07)	0.347*** (0.08)	0.542*** (0.05)	0.518*** (0.05)
MR	2.654*** (0.350)	4.427*** (0.670)	7.632*** (1.000)	6.901*** (2.090)	2.839*** (0.680)	1.083 (2.580)	2.067*** (0.480)	5.399*** (1.056)
K_G*MR		−8.751*** (2.87)		5.1 (12.52)		3.436 (19.78)		−13.387*** (3.81)
indshare	0.112 (0.260)	0.024 (0.260)	0.317 (0.210)	0.365* (0.200)	−0.140 (0.700)	0.463 (0.850)	0.690 (0.580)	0.614 (0.556)
fdishare	−3.487*** (0.600)	−3.387*** (0.582)	−2.516*** (0.646)	−2.421*** (0.620)	2.106 (2.260)	0.773 (3.200)	0.075 (2.040)	1.014 (1.970)
constant	1.088*** (0.20)	0.969*** (0.20)	2.045*** (0.31)	2.281*** (0.31)	−0.192 (0.49)	2.673*** (0.69)	1.768*** (0.39)	1.774*** (0.37)
R^2	0.680 7	0.681 6	0.845 8	0.847 8	0.468 8	0.621 3	0.703 3	0.739 6
样本容量	360	360	132	132	96	96	132	132

注：*** 表示在 1%的水平上显著，** 表示在 5%的水平上显著，* 表示在 10%的水平上显著。

8.5　结论

本章将Mincer方程与劳动边际产品收益相结合，首先分析了政府支出与居民工资的关系，然后以我国1998—2009年的省际面板数据为样本，对政府支出与居民工资之间的关系进行实证检验，得出如下结论：

第一，人力资本投资水平和私人资本都与工资正相关。

第二，公共资本与产品边际收益交互项的符号显著为负，边际收益越高，公共资本对居民工资的贡献越小。当边际收益高于临界值时，公共资本与居民工资负相关；而当边际收益小于临界值时，公共资本与居民工资正相关。

第三，产品的边际收益与居民工资水平正相关。在没有引入交互项的条件下，产品边际收益的符号显著为正，而在引入交互项的条件下，公共资本投资与产品边际收益交互项的系数显著为负。

第九章

我国私人消费不足困境的突破路径

9.1 优化激励机制，强化地方政府促进私人消费增长的动机

本书研究表明，政府支出通过收入效应和替代效应影响居民消费，各级地方政府通过选择支出结构对财政分权所设置的激励作出反应会决定收入效应与替代效应的强度，而地方政府选择发展经济的模式决定了收入效应的效率。财政分权程度与生产性支出所占份额和政府支出结构偏离合意程度正相关，与消费性支出所占份额负相关。因此，变革地方政府所面临的激励结构是从政府支出的角度破解我国私人消费不足困境的关键环节。

改变政府官员的政绩考核体系，逐步将政府行为的准则由“GDP 增长率最大化”向包容性增长转换。由于政府主导是我国经济增长的重要特征，而且随着财政分权的逐步深入以及预算外收入和支出的存在，政府对经济增长的影响会越来越大。以往的发展历程表明，过分强调 GDP 增长率是导致我国私人消费不足困境的重要原因。因此，需要从制度层面重新设置政府官员的政绩考核体系。

在制度设计的理念上，要体现“包容性增长”和经济增长质量导向的理念。包容性增长倡导机会平等的增长，提倡让所有居民公平、合理地分享经济增长成果。因此，政府的考核不仅要体现政府对经济总量增长的促进作用，也要体现经济质量提升中的作用，更要考核政府在促进居民公平、合理地分享经济增长的成果上所发挥的作用。

在目标设置上，构建由经济增长质量和经济增长速度共同构成的考核体系。其中，经济增长质量从经济产出效率，经济增长动力构成（要素增长的贡献，TFP增长的贡献、最终消费的贡献、资本形成的贡献以及净出口的贡献），居民分享经济发展成果的程度（私人消费增长率、人均可支配收入增长率、政府消费性支出占GDP比重及增长率、就业率、收入差距变动情况）入手。具体指标的确定考虑地方不同的要素禀赋和经济发展情况，在经济发展水平较高的地区将经济增长质量等指标赋予较高的权重，在经济发展相对滞后的地区适当提高经济增长速度所占的权重。

9.2 完善社会保障制度,降低居民预防性储蓄

本书研究表明,居民为了应对消费性公共产品的供给冲击而进行预防性储蓄是我国私人消费不足困境形成的重要原因,因此,通过完善社会保障制度,降低居民所面临的不确定性,降低政府支出收入效应的机会成本,增强居民的边际消费倾向,是破解我国私人消费不足困境的重要突破口。

就医疗领域而言,扩大基本医保覆盖面,逐步将农民工、非公有制经济组织从业人员、灵活就业人员等人群纳入医保范围,同时提高基本医疗保障水平。将基本药物制从城镇拓展到农村。深化公立医院改革,破除"以药养医"机制,同时消除社会资本创立医疗机构的进入壁垒,强化公立医院所面临的竞争,从根本上消除看病成本高的问题。

就教育领域而言,通过机制创新加强教育人才尤其是义务教育阶段的人才流动,在提高义务教育质量的同时,促进义务教育服务的均等化,消除择校费等不合理费用,降低居民为义务教育而竞争的成本,降低居民的预防性储蓄水平。

就养老体制而言,推进公务员养老与社会保障并轨,提高养老资金分配的公平性,同时创新养老金管理、运营的制度,在保本的基础上提高养老金的收益率,提高居民未来的养老保障水平。

积极推进户籍改革,改革现行的医疗、养老等社会保障制度,促进医疗、养老等社会保障的跨省流动,降低居民跨省流动的机会成本,这样不仅可以依托居民自主流动的匹配效应,提高消费性公共产品的配置效率,同时也构建居民的"用脚投票"的机制,督促政府行为更好地体现包容性增长的理念。

9.3　通过减税和调整政府支出结构，提升政府支出效率

目前，我国的政府支出规模持续增大，导致多年以来我国税收的增速一直领先于GDP的增速。税收的过度增长必将降低企业利润和居民收入，进而导致私人消费增长不足。因此，通过减税来减轻企业和家庭的税负。我国的减税不仅要通过降低宏观税率来降低整体的税负水平，还要结合税收的改革。继续推进营业税改征增值税试点，逐步从制度上解决货物与劳务税收政策不协调的问题，促进服务业的发展。逐步建立健全综合和分类相结合的个人所得税制度，加大对高收入者的调节力度。

继续推进我国的财政体制由"生产型财政"向"公共财政"转型。本书的研究表明，以固定资产投资为代表的生产性支出对提高企业的利润率以及提高居民的收入水平的作用有限，而消费性支出与私人消费正相关。深化政府行政体制改革，进一步压缩一般公共服务支出，提升政府行政的运营效率。增加教育、医疗和养老等消费性公共产品的投入，提高消费性公共产品的供给水平和供给质量，积极推进教育、医疗改革，提高这些领域供给的效率和公平程度。

本书研究表明，政府促进经济增长的效率与工业化程度、人口密度、市场化程度以及政府治理水平正相关，因此，通过合理运用税收和补贴等财政杠杆，鼓励创业以及激励企业通过技术创新、管理创新以及营销创新等手段提升微观主体的活力和竞争力，为更好地发挥政府支出的收入效应，构建高效的微观主体，充分发挥政府生产性支出的规模经济效应。推进以"简政放权、放管结合和转变政府职能"为目标的经济体制改革，优化微观主体的发展环境，为政府收入效应的实现提供有效的制度保障。

9.4 发挥 FDI 和出口的知识外溢效应和杠杆效应，提升经济增长质量

新增长理论认为自主创新能力是知识存量、地区吸收能力、人力资本和资本的增函数。FDI 和出口通过增加知识存量和提高地区吸收能力来增强创新能力：首先，出口不同的产品以及在产品内分工中处于不同位置所带来的知识含量不同，对创新能力促进的程度也不同。出口产品的复杂程度越高，越处于核心环节，其对创新能力的促进作用越大。其次，出口通过向企业、政府传递不同的激励影响出口对创新能力提高的绩效。出口规模的增加并不意味着创新能力的增强，只有本土企业将出口带来的知识进行吸收、转化，才能提高创新能力。目前，我国 FDI 呈现“区域集中在东部地区，行业主要集中在制造业，价值创造环节主要集中在组装、加工环节”的特点，FDI 的这种特征可以促进经济增长，但不利于提高我国自主创新能力，而且 FDI 的这种特征与财政分权的激励效应相结合，会进一步恶化对自主创新能力的促进作用。由于中国巨大的制造产能以及世界出口市场规模的不断扩大，出口呈现出规模效应，即：在出口利润率较低的条件下，出口为我国的出口企业带来了相当可观的利润总量，为地方带了 GDP 的增长。在粗放发展的理念下，企业和地方政府更愿意“为了更多的出口量”，而不愿意“为了更高的出口效益”进行专用性投资。企业和地方政府将资源配置到增加产能、基础设施建设等领域的偏好强于将资源配置到研发等领域。中国式分权给各级政府设置了“以 GDP 增长为中心”的目标，为了吸引 FDI 以及由 FDI 所带来的国际贸易，各级地方政府展开了招商引资的竞争。目前，FDI 和国际贸易对我国经济增长的贡献更主要体现为总量的扩张，而对提升经济增长质量的贡献有限。本书以 TFP 为经济增长质量的表征变量，研究表明 FDI 和国际贸易所带来的技术扩散对 TFP 的直接效应显著为负，国际技术扩散与本土研发能力的交互项显著为负，随着 FDI 和国际贸易所带来的国际技术扩散程度的提高，本土知识生产对 TFP 的边际贡献呈下降的趋势。

转变招商引资的政策思路，实行差异化的准入政策和产业政策。招商的思路由“以税费优惠为手段，以追求总量为目标”转换为“以产业配套、综合服务为手

段，以追求质量为目标”，结合本地的资源禀赋和产业发展方向，制定招商引资名录和准入条件。东部地区的招商引资以先进制造业、软件以及现代服务业等为发展方向，中、西部地区以劳动密集型制造业和符合当地资源特色的服务业为发展方向，通过增量资本推动地区产业升级和经济发展方式转型。

建立多层次的技术交流平台和技术交易市场，创新机制、体制，提高交易效率，降低技术交流的交易成本。通过税收优惠、资金支持以及政策扶植等措施，鼓励高校、科研机构以及内资企业加强校企合作、校校合作，依据市场需求和行业发展趋势，积极开展基础性研究和应用性研究，强化研发能力和技术创新能力，加强相关的产业配套，不断提升地区对技术外溢的吸收能力。

9.5 构建多重措施促进居民收入增长，强化居民分享经济发展成果

本书研究发现，居民收入与人力资本存量，私人资本存量和产品的边际收益正相关。公共资本与产品边际收益交互项的符号显著为负，边际收益越高，公共资本对居民工资的贡献越小。当边际收益高于临界值时，公共资本与居民工资负相关；而当边际收益小于临界值时，公共资本与居民工资正相关。不管是人力资本存量、私人资本存量，还是产品的边际收益，对居民收入的贡献具有区域差异性。

增加人力资本投资，提高劳动者的专业能力和劳动效率。推进高等教育改革，根据社会发展需要调整专业设置，革新教育理念、课程设置和教学理念，通过校企合作、专业实践以及创业教育等方式，强化学生解决专业实际问题的能力，实现学生职业生涯的可塑性与学生专业技能的掌握的有机结合。完善职业教育培训体系，建立终身教育体系。紧跟产业发展实际修订职业教育教学内容、教学方法，注重专业技能、岗位能力和解决实际问题能力的培养。

大力鼓励居民创业和中小企业的发展，增加就业机会。充分把握互联网和电子商务所带来的商业机遇，制定政策吸引居民开展多种形式的创业。大力提升服务业、中小企业增强就业岗位的创造能力。

提升产业的运作效率和盈利能力，为居民收入增加创造空间。通过农业产业化、规模化以及农业与服务业的融合，提升农业的生产效率。稳步推进城镇化进程，积极推动农村剩余劳动力的转移，增加农民收入。推进劳动力、资本、信息和技术等生产要素市场体系的完善，通过信息化、工业化推进制造业升级，大力发展服务业推动产业升级。

REFERENCE 参考文献

[1] 安苑,王珺. 2010. 财政分权与支出偏向的动态演进——基于非参数逐点估计的分析[J]. 经济学家,(7):42 - 50.

[2] 包群,邵敏,侯维忠. 2011. 出口改善了员工收入吗?[J]. 经济研究,(9):41 - 54.

[3] 薄文广. 2006. FDI 挤入或挤出了中国的国内投资么?——基于面板数据的实证分析与检验[J]. 财经论丛,(1):64 - 72.

[4] 陈创练,陈国进,陈娟. 2010. 政府消费最优规模对私人消费的影响研究:基于门限面板回归模型的实证分析[J]. 经济与管理研究,(12):5 - 14.

[5] 陈刚,李树,余劲松. 2009. 援助之手还是攫取之手?——关于中国式分权的一个假说及其验证[J]. 南方经济,(7):3 - 15.

[6] 陈抗,等. 2002. 财政集权与地方政府行为变化——从援助之手到攫取之手[J]. 经济学(季刊),(4):111 - 130.

[7] 陈诗一,张军. 2008. 中国地方政府财政支出效率研究:1978—2005[J]. 中国社会科学,(4):65 - 78.

[8] 陈仲常,张峥. 2011. 我国地方政府公共财政支出效率的影响因素分析:基于 DEA - Tobit 模型的实证研究[J]. 南京财经大学学报,(5):42 - 50.

[9] 丁建勋. 2007. 基础设施投资与经济增长——我国基础设施投资最优规模估计[J]. 山西财经大学学报,(2):28 - 31.

[10] 杜宇玮,刘东皇. 2011. 预防性储蓄动机强度的时序变化及影响因素差异——

基于 1979—2009 年中国城乡居民的实证研究[J]. 经济科学，(1)：70 - 80.

[11] 樊纲，关志雄，姚枝仲. 2006. 国际贸易结构分析：贸易品的技术分布[J]. 经济研究，(8)：70 - 80.

[12] 范承泽，胡一帆，郑红亮. 2008. FDI 对国内企业技术创新影响的理论与实证研究[J]. 经济研究，(1)：89 - 102.

[13] 范子英，张军. 2009. 财政分权与中国经济增长的效率——基于非期望产出模型的分析[J]. 管理世界，(7)：15 - 25.

[14] 傅勇，张晏. 2007. 中国式分权与财政支出结构偏向：为增长而竞争的代价[J]. 管理世界，(3)：4 - 22.

[15] 傅勇. 2010. 财政分权、政府治理与非经济性公共物品供给[J]. 经济研究，(8)：4 - 15.

[16] 傅勇. 2008b. 财政分权改革提高了地方财政激励强度吗？[J]. 财贸经济，(7)：35 - 40.

[17] 傅勇. 2008a. 中国的分权为何不同：一个考虑政治激励与财政激励的分析框架[J]. 世界经济，(11)：16 - 25.

[18] 高梦滔. 2011. 子女教育与农户消费：基于 8 省微观面板数据的经验研究[J]. 南方经济，(12)：16 - 25.

[19] 龚锋，卢洪友. 2009. 公共支出结构、偏好匹配与财政分权[J]. 管理世界，(1)：10 - 21.

[20] 官永彬，张应良. 2008. 转轨时期政府支出与居民消费关系的实证研究[J]. 数量经济技术经济研究，(12)：15 - 25.

[21] 郭杰，李涛. 2009. 中国地方政府间税收竞争研究——基于中国省级面板数据的经验证据[J]. 管理世界，(11)：54 - 64.

[22] 郭庆旺，贾俊雪. 2006. 政府公共资本投资的长期经济增长效应[J]. 经济研究，(7)：29 - 40.

[23] 郭庆旺，贾俊雪. 2005. 中国全要素生产率的估算：1979—2004[J]. 经济研究，(6)：51 - 60.

[24] 郭庆旺，吕冰洋，张德勇. 2003. 财政支出结构与经济增长[J]. 经济理论与经

济管理,(11):5-12.

[25] 郭庆旺,吕冰洋. 2004. 税收增长对经济增长的负面冲击[J]. 经济理论与经济管理,(8):18-23.

[26] 韩华为,苗艳青. 2010. 地方政府卫生支出效率核算及影响因素实证研究:以中国31个省份面板数据为依据的DEA-Tobit分析[J]. 财经研究,(5):4-15.

[27] 杭斌,申春兰. 2005. 潜在流动性约束与预防性储蓄行为——理论框架及实证研究[J]. 管理世界,(9):28-35,58.

[28] 杭斌. 2009. 习惯形成下的农户缓冲储备行为[J]. 经济研究,(1):96-105.

[29] 胡书东. 2002. 中国财政支出和民间消费需求之间的关系[J]. 中国社会科学,(6):26-32.

[30] 黄威,丛树海. 2011. 我国财政政策对居民消费的影响:基于省级城乡面板数据的考察[J]. 财贸经济,(5):31-37.

[31] 吉亚辉,祝凤文. 2011. 技术差距、"干中学"的国别分离与发展中国家的技术进步[J]. 数量经济技术经济研究,(4):49-63.

[32] 贾智莲,卢洪友. 2010. 财政分权与教育及民生类公共品供给的有效性——基于中国省级面板数据的实证分析[J]. 数量经济技术经济研究,(6):139-150.

[33] 江锦凡. 2004. 外国直接投资在中国经济增长中的作用机制[J]. 世界经济,(1):3-10.

[34] 金雪军,欧朝敏,李杨. 2006. 全要素生产率、技术引进与R&D投入[J]. 科学学研究,(5):702-705.

[35] 李广众. 2005. 政府支出与居民消费:替代还是互补[J]. 世界经济,(5):38-45.

[36] 李国璋,刘津汝. 2010. 财政分权、市场分割与经济增长:基于1996—2007年分省面板数据的研究[J]. 经济问题,(5):95-102.

[37] 李绍荣,耿莹. 2005. 中国的税收结构、经济增长与收入分配[J]. 经济研究,(5):118-126.

[38] 李实,丁赛. 2003. 中国城镇教育收益率的长期变动趋势[J]. 中国社会科学,(6):58-73.

[39] 李雪辉,许罗丹. 2002. FDI对外资集中地区工资水平影响的实证研究[J]. 南

开经济研究，(2)：35 - 39.

[40] 李扬，殷剑峰. 2007. 中国高储蓄率问题探究：1992—2003 年中国资金流量表的分析[J]. 经济研究，(6)：14 - 26.

[41] 李一花，骆永民. 2009. 财政分权、地方基础设施建设与经济增长[J]. 当代经济科学，(5)：66 - 71.

[42] 李永友，丛树海. 2006. 居民消费与中国财政政策的有效性：基于居民最优消费决策行为的经验分析[J]. 世界经济，(5)：54 - 64.

[43] 廖楚晖. 2006. 中国人力资本和物质资本的结构及政府教育投入[J]. 中国社会科学，(1)：23 - 33.

[44] 林江，孙辉，黄亮雄. 2011. 财政分权、晋升激励和地方政府义务教育供给[J]. 财贸经济，(1)：34 - 40.

[45] 林毅夫，李永军. 2003. 出口与中国的经济增长：需求导向的分析[J]. 经济学(季刊)，(7)：779 - 794.

[46] 林毅夫，刘志强. 2000. 中国的财政分权与经济增长[J]. 北京大学学报：哲学社会科学版，(4)：5 - 17.

[47] 刘秉镰，武鹏，刘玉海. 2010. 交通基础设施与中国全要素生产率增长：基于省域数据的空间面板计量分析[J]. 中国工业经济，(3)：54 - 64.

[48] 刘东皇，沈坤荣. 2010. 公共支出与经济发展方式转变：中国的经验分析[J]. 经济科学，(4)：5 - 14.

[49] 刘林平，张春泥. 2007. 农民工工资：人力资本、社会资本、企业制度还是社会环境？——珠江三角洲农民工工资的决定模型[J]. 社会学研究，(6)：114 - 137.

[50] 刘生龙，周绍杰. 2011. 中国为什么难以启动内需——基于省级动态面板数据模型的实证检验[J]. 数量经济技术经济研究，(9)：90 - 102.

[51] 刘宛晨，袁闯. 2006. 我国财政支出的消费传导效应分析[J]. 消费经济，(4)：75 - 78.

[52] 刘志彪. 2009. 国际外包视角下我国产业升级问题的思考[J]. 中国经济问题，(1)：6 - 15.

[53] 龙志和,周浩明. 2000. 中国城镇居民预防性储蓄实证研究[J]. 经济研究,(11):33-38.

[54] 娄洪. 2004. 长期经济增长中的公共投资政策——包含一般拥挤性公共基础设施资本存量的动态经济增长模型[J]. 经济研究,(3):10-19.

[55] 卢福财,胡平波. 2008. 全球价值网络下中国企业低端锁定的博弈分析[J]. 中国工业经济,(10):23-32.

[56] 卢洪友,龚锋. 2007. 政府竞争、"攀比效应"与预算支出受益外溢[J]. 管理世界,(8):12-22.

[57] 罗楚亮. 2004. 经济转轨、不确定性与城镇居民消费行为[J]. 经济研究,(4):100-106.

[58] 罗伟卿. 2010. 财政分权是否影响了公共教育供给:基于理论模型与地级面板数据的研究[J]. 财经研究,(11):39-50.

[59] 乔宝云,范剑勇,冯兴元. 2005. 中国的财政分权与小学义务教育[J]. 中国社会科学,(6):37-46.

[60] 任若恩,覃筱. 2006. 中美两国可比居民储蓄率的计量:1992—2001[J]. 经济研究,(3):67-81.

[61] 任永菊. 2003. 我国进口与出口间的关系检验[J]. 当代经济科学,(4):23-28,93.

[62] 申琳,马丹. 2007. 政府支出与居民消费:消费倾斜渠道与资源撤出渠道[J]. 世界经济,(11):73-79.

[63] 沈坤荣,付文林. 2006. 税收竞争、地区博弈及其增长绩效[J]. 经济研究,(6):16-26.

[64] 沈坤荣,耿强. 2001. 外国直接投资、技术外溢与内生经济增长——中国数据的计量检验与实证分析[J]. 中国社会科学,(5):82-93.

[65] 沈坤荣,李剑. 2003. 中国贸易发展与经济增长影响机制的经验研究[J]. 经济研究,(5):32-40,56.

[66] 沈坤荣,刘东皇. 2012. 是何因素制约着中国居民消费[J]. 经济学家,(1):5-14.

[67] 沈利生,朱运法. 1999. 人力资本与经济增长分析[M]. 北京:社会科学文献出

版社.

[68] 沈能，李富有. 2012. 技术势差、进口贸易溢出与生产率空间差异：基于双门槛效应的检验[J]. 国际贸易问题，(9)：108－117.

[69] 施建淮，朱海婷. 2004. 中国城市居民预防性储蓄及预防性动机强度：1999—2003[J]. 经济研究，(10)：66－74.

[70] 石柱鲜，刘俊生，吴泰岳. 2005. 我国政府支出对居民消费的挤出效应分析[J]. 学习与探索，(6)：249－252.

[71] 宋铮. 1999. 中国居民储蓄行为研究[J]. 金融研究，(6)：46－50.

[72] 孙凤，王玉华. 2001. 预防性储蓄理论与中国居民消费行为[J]. 南开经济研究，(1)：54－58.

[73] 万广华，史清华，汤树梅. 2003. 转型经济中农户储蓄行为：中国农村的实证研究[J]. 经济研究，(5)：3－12.

[74] 万广华，张茵，牛建高. 2001. 流动性约束、不确定性与中国居民消费[J]. 经济研究，(11)：35－44.

[75] 王德祥，李建军. 2008. 财政分权、经济增长与外贸依存度——基于 1978—2007 年我国改革开放 30 年数据的实证分析[J]. 国际贸易问题，(11)：3－8.

[76] 王立勇，高伟. 2009. 财政政策对私人消费非线性效应及其解释[J]. 世界经济，(9)：27－36.

[77] 王美今，林建浩，余壮雄. 2010. 中国地方政府财政竞争行为特性识别："兄弟竞争"与"父子争议"是否并存？[J]. 管理世界，(3)：22－31.

[78] 王明成. 2012. 政府支出与私人消费关系的实证检验：基于财政分权的视角[J]. 南方经济，(8)：76－86.

[79] 王守坤，任保平. 2009. 财政联邦还是委托代理：关于中国式分权性质的经验判断[J]. 管理世界，(11)：29－40.

[80] 王守坤，任保平. 2008. 中国省级政府间财政竞争效应的识别与解析：1978—2006 年[J]. 管理世界，(11)：32－43.

[81] 王小鲁. 2000. 中国经济增长的可持续性与制度变革[J]. 经济研究，(7)：3－15.

[82] 王燕武，王俊海. 2009. 地方政府行为与地区产业结构趋同的理论及实证分

析[J]. 南开经济研究,(4):33 - 49.

[83] 王英,刘思峰. 2008. 国际技术外溢渠道的实证研究[J]. 数量经济技术经济研究,(4):153 - 161.

[84] 王永齐. 2005. 外商直接投资对国内资本形成的挤出效应分析[J]. 世界经济文汇,(6):39 - 51.

[85] 吴延兵. 2008. 自主研发、技术引进与生产率——基于中国地区工业的实证研究[J]. 经济研究,(8):51 - 64.

[86] 谢建国,陈漓高. 2002. 政府支出与居民消费:一个基于跨期替代模型的中国经验分析[J]. 经济科学,(6):5 - 12.

[87] 严成樑,龚六堂. 2009. 财政支出、税收与长期经济增长[J]. 经济研究,(6):4 - 15.

[88] 杨晓丽,许垒. 2011. 中国式分权下地方政府 FDI 税收竞争的策略性及其经济增长效应[J]. 经济评论,(5):59 - 68.

[89] 杨泽文,杨全发. 2004. FDI 与实际工资:我国分地区分行业的实证分析[J]. 南开经济研究,(1):44 - 47.

[90] 杨子晖. 2011. 政府规模、政府支出增长与经济增长关系的非线性研究[J]. 数量经济技术经济研究,(6):77 - 92.

[91] 姚树洁,冯根福,韦开蕾. 2006. 外商直接投资和经济增长的关系研究[J]. 经济研究,(12):35 - 46.

[92] 易先忠. 2010. 技术差距双面效应与主导技术进步模式转换[J]. 财经研究,(7):39 - 48.

[93] 易行健,张波. 2011. 中国城镇居民消费倾向波动的实证检验:基于不同收入阶层视角[J]. 上海财经大学学报,(1):74 - 81.

[94] 余永定,李军. 2000. 中国居民消费函数的理论与验证[J]. 中国社会科学,(1):123 - 133.

[95] 约翰·贝茨·克拉克. 1997. 财富的分配[M]. 北京:商务印书馆.

[96] 约翰·梅纳德·凯恩斯. 1999. 就业、利息和货币通论(中译本)[M]. 北京:商务印书馆.

[97] 岳昌君. 2004. 教育对个人收入差异的影响[J]. 经济学(季刊),(3):135

-150.

[98] 臧旭恒. 1994. 中国消费函数分析[M]. 上海：生活·读书·新知三联书店.

[99] 张车伟. 2006. 人力资本回报率变化与收入差距："马太效应"及其政策含义[J]. 经济研究，(12)：59-70.

[100] 张海洋. 2005. R&D两面性、外资活动与中国工业生产率增长[J]. 经济研究，(5)：107-117.

[101] 张建红，等. 2006. 中国地区工资水平差异的影响因素分析[J]. 经济研究，(10)：62-71.

[102] 张杰，刘志彪，郑江淮. 2008. 出口战略、代工行为与本土企业创新：来自江苏地区制造业企业的经验证据[J]. 经济理论与经济管理，(1)：12-19.

[103] 张军，吴桂英，张吉鹏. 2004. 中国省际物质资本存量估算：1952—2000[J]. 经济研究，(10)：35-44.

[104] 张克中，王娟，崔小勇. 2011. 财政分权与环境污染：碳排放的视角[J]. 中国工业经济，(10)：65-75.

[105] 张世伟，郝东阳. 2011. 分位数上城镇居民消费支出的决定[J]. 财经问题研究，(9)：119-123.

[106] 张晏，龚六堂. 2005. 分税制改革、财政分权与中国经济增长[J]. 经济学(季刊)，(4)：75-108.

[107] 张晏. 2007. 财政分权、FDI竞争与地方政府行为[J]. 世界经济文汇，(2)：22-36.

[108] 张治觉，吴定玉. 2007. 我国政府支出对居民消费产生引致还是挤出效应——基于可变参数模型的分析[J]. 数量经济技术经济研究，(5)：53-61.

[109] 郑磊. 2008. 财政分权、政府竞争与公共支出结构：政府教育支出比重的影响因素分析[J]. 经济科学，(1)：28-40.

[110] 中国社会科学院经济研究所经济增长前沿课题组. 2004. 财政政策的供给效应与经济发展[J]. 经济研究，(9)：4-17.

[111] 周黎安. 2004. 晋升博弈中政府官员的激励与合作：兼论我国地方保护主义和重复建设问题长期存在的原因[J]. 经济研究，(6)：33-40.

[112] 周黎安. 2007. 中国地方官员的晋升锦标赛模式研究[J]. 经济研究，(7)：36-50.

[113] 朱国林,范建勇,严燕. 2002. 中国的消费不振与收入分配:理论和数据[J]. 经济研究,(5):72-80.

[114] 朱平芳,张征宇,姜国麟. 2011. FDI与环境规制:基于地方分权视角的实证研究[J]. 经济研究,(6):133-145.

[115] 朱希伟,金祥荣,罗德明. 2005. 国内市场分割与中国的出口贸易扩张[J]. 经济研究,(12):68-76.

[116] 朱轶,吴红宇. 2010. 论财政分权引发的地方政府引资竞争与FDI挤出效应[J]. 现代财经,(6):3-8.

[117] Abel A. 1986. Capital accumulation and uncertain lifetimes with adverse selection[J]. Econometrica,(54):1079-1098.

[118] Adam A,Delis M D, Kammas P. 2012. Fiscal decentralization and public sector efficiency: evidence from OECD countries[R]. Germany: University Library of Munich.

[119] Afonso A,Fernandes S. 2006. Measuring local government spending efficiency:evidence for the Lisbon region[J]. Regional Studies,40(1):39-53.

[120] Agénor P. 2004. The Economics of Adjustment and Growth[M]. Boston: Harvard University Press.

[121] Aigner D,Lovell C,Schmidt P. 1977. Formulation and estimation of stochastic frontier production models[J]. Journal of Econometrics,(6):21-37.

[122] Akai N,Sakata M. 2002. Fiscal decentralization contributes to economic growth:evidence from state-level cross section data for the United States [J]. Journal of Urban Economics,(52):93-108.

[123] Allen R C. 2001. The great divergence: wages and prices from the Middle Ages to the First World War[J]. Explorations in Economic History,(38): 411-447.

[124] Segerstrom P,Anant T, Dinopoulos E. 1990. A Schumpeterian Model of the Product Life Cycle[J]. American Economic Review, (80):1077-1092.

[125] Angelopoulos K, Economides G, Kammas P. 2007. Tax-spending policies

and economic growth: theoretical predictions and evidence from the OECD [J]. European Journal of Political Economy, (23): 885 - 902.

[126] Anoruo E. 2005. Government spending and private consumption among select African countries: a panel data approach[J]. Indian Journal of Economics and Business, (2): 249 - 256.

[127] Areendam C, Carl-Johan D. 2005. Dual economies and international total factor productivity differences[R]. Louisiana State University.

[128] Arrow K. 1970. The organization of economic activity: issues pertinent to the choice of market versus non-market allocation[R]//Joint Economic Committee, the Analysis and Evaluation of Public Expenditures. The PPB System.

[129] Aschauer D A. 1985. Fiscal policy and aggregate demand[J]. American Economic Review, (75): 117 - 127.

[130] Aschauer D A. 1989. Is public expenditure productive? [J]. Journal of Monetary Economics, (23): 177 - 200.

[131] Bailey M J. 1971. National Income and the Price Level[M]. New York & London: McGraw-Hill.

[132] Barro R, Xavier S I M. 1995. Economic Growth[M]. New York & London: McGraw-Hill.

[133] Barro R, Xavier S I M. 1992. Public finance in models of economic growth [J]. Review of Economic Studies, (59): 645 - 661.

[134] Barro R. 1974. Are government bonds net wealth? [J]. Journal of Political Economy, (82): 1095 - 1117.

[135] Barro R. 1991. Economic growth in a cross-section of countries[J]. Quarterly Journal of Economics, (106): 407 - 444.

[136] Barro R. 1990. Government spending in a simple model of endogenous growth[J]. Journal of Political Economy, (98): 103 - 126.

[137] Barro R. 1981. Output effects of government purchases[J]. Journal of Polit-

ical Economy,(89):1086－1121.

[138] Barro R. 1996. Three models of health and economic growth[D]. Cambridge,MA: Harvard University.

[139] Battaglini M,Coate S. 2008. A dynamic theory of public spending,taxation and debt[J]. American Economic Review,(98):201－236.

[140] Baxter M, King R G. 1993. Fiscal policy in general equilibrium[J]. American Economic Review,(83):315－334.

[141] Beck J H. 1983. Tax competition,uniform assessment,and the benefit principle[J]. Journal of Urban Economics,(13):127－146.

[142] Besley T, Anne C. 1995. Incumbent behavior:vote-seeking, tax-setting and yardstick competition[J]. American Economic Review,(85):25－45.

[143] Besley T, Stephen C. 2003. Centralized versus decentralized provision of local public goods:a political economy approach[J]. Journal of Public Economics,87(12):2611－2637.

[144] Besley T,Smart M. 2007. Fiscal restraints and voter welfare[J]. Journal of Public Economics,(91):755－773.

[145] Bils M, Peter K. 2000. Does schooling cause growth? [J]. American Economic Review,(90):1160－1183.

[146] Bloom D E,Canning D. 2000. The health and wealth of nations[J]. Science, 287(5456):1207－1209.

[147] Bouakez H,Nooman R. 2007. Why does private consumption rise after a government spending shock? [J]. Canadian Journal of Economics,(40):954－979.

[148] Brennan D,Buchanan J. 1980. The Power to Tax: Analytical Foundations of a Fiscal Consitution[M]. Cambridge:Cambridge University Press.

[149] Brett C, Pinkse J. 2000. The determinants of municipal tax rates in British Columbia[J]. Canadian Journal of Economics,(33):695－714.

[150] Brett C, Pinkse J. 1997. Those taxes are all over the map: a test for spatial dependence of municipal tax rates in British Columbia[J]. International Re-

gional Science Review,(20):131 - 151.

[151] Brueckner J K,Saavedra L A. 2000. Do local governments engage in strategic tax competition? [J]. National Tax Journal,(154):203 - 229.

[152] Brueckner J K. 1999. Fiscal federalism and capital accumulation[J]. Journal of Public Economic Theory,(1):205 - 224.

[153] Brueckner J K. 2006. Fiscal federalism and economic growth[J]. Journal of Public Economics,(90):2107 - 2120.

[154] Bucovetsky S,Wilson J D. 1991. Tax competition with two tax instruments [J]. Regional Science and Urban Economics,(21):333 - 350.

[155] Buettner T. 2001. Local business taxation and competition for capital:the choice of the tax rate[J]. Regional Science and Urban Economics,(31):215 - 245.

[156] Burbidge J B, Myers G M. 1994. Population mobility and capital tax competition[J]. Regional Science and Urban Economics,(24):441 - 459.

[157] Caballero R J. 1990. Consumption puzzles and precautionary savings[J]. Journal of Monetary Economics,(25):113 - 136.

[158] Caballero R J. 1991. Earnings uncertainty and aggregate wealth accumulation[J]. American Economic Review,(81):859 - 871.

[159] Campbell J,Mankiw G. 1987. Permanent income,current income,and consumption[R]. NBER.

[160] Cantor R. 1985. The consumption function and the precautionary demand for savings[J]. Economics Letters,(17):207 - 210.

[161] Carroll C D, Robert E, Stephen P Z. 1992. The buffer stock theory of saving:some macroeconomic evidence[J]. Brookings Papers on Economic Activity,(2):61 - 135.

[162] Carroll C D, Samwick A A. 1998. How important is precautionary saving? [J]. The Review of Economics and Statistics,(80):410 - 419.

[163] Carroll C D,Samwick A A. 1997. The nature of precautionary wealth[J]. Journal of Monetary Economics,(40):41 - 71.

[164] Carroll C D. 1994. How does future income affect current consumption? [J]. Quarterly Journal of Economics,(109):111－147.

[165] Cevdet D, Holger C W. 1998. Household savings in transition economies [R]. NBER.

[166] Chamley C. 1986. Optimal taxation of capital income in general equilibrium with infinite lives[J]. Econometrica,(54):607－622.

[167] Chan K S. 1993. Consistency and limiting distribution of the least squares estimator of a threshold autoregressive model[J]. The Annals of Statistics,(21): 520－533.

[168] CharnesA, ClarkT, Cooper W. W. Et al. 1985. A developmentalstudy of data envelopment analysis in measuring the efficiency of maintenance unitsin U. S. Air Forces[J]. Annals of Operational Research(2): 95－112

[169] Chen B L. 2006. Economic growth with optimal public spending composition[J]. Oxford Economic Papers,(58):123－136.

[170] Chenery H, Syrquin M. 1975. Patterns of Development:1950—1970[M]. Oxford: Oxford University.

[171] Christoph S, Benno T. 2006. Growth effects of public expenditure on the state and local level:evidence from a sample of rich governments[J]. Applied Economics, Taylor and Francis Journals,(38):1181－1192.

[172] Cohen W, Levinthal D. 1989. Innovation and learning: two faces of R&D [J]. Economic Journal,(99):569－596.

[173] Coll M T B, Bargues J M V, Jimébez D. 2002. Efficiency and quality in local government management: the case of Spanish local authorities[R]. Universitat Autonoma de Barcelona.

[174] Cui L, Chang S, Xiaojing S. 2009. How much do exports matter for China's growth? [R]. Hong Kong Monetary Authority China Economic Issues.

[175] Cumberland J H. 1981. Efficiency and equity in interregional environmental management[J]. Review of Regional Studies,(10):1－9.

[176] Dardanoni V. 1991. Precautionary saving under income uncertainty: a cross sectional analysis[J]. Applied Economics, (23): 153 - 160.

[177] David S. 1982. On the method of taxation and the provision of local public goods[J]. American Economic Review, (72): 846 - 851.

[178] Davies J B. 1981. Uncertain lifetime, consumption, and dissaving in retirement[J]. Journal Political Economy, (89): 561 - 577.

[179] Davoodi H, Heng-fu Z. 1998. Fiscal decentralization and economic growth: a cross-country study[J]. Journal of Urban Economics, (43): 224 - 257.

[180] Deaton A. 1991. Household saving in LDC'S: credit markets, insurance, and welfare[R]. Princeton: Woodrow Wilson School.

[181] DeJuan J, Seater J, Wirjanto T. 2006. Testing the permanent income hypothesis new evidence from West - German states[J]. Empirical Economics, (31): 613 - 629.

[182] Devarajan S, Swaroop V, Zou H. 1996. The composition of public expenditure and economic growth[J]. Journal of Monetary Economics, (37): 313 - 344.

[183] Duesenberry J S. 1949. Income, Saving and the Theory of Consumer Behavior[M]. Cambridge: Harvard University Press.

[184] Dunne T, Schmitz J A Jr. 1995. Wages, employment structure and employer size-wage premia: their relationship to advanced-technology usage at US manufacturing establishments[J]. Economica, (62): 89 - 107.

[185] Dynan K. 1993. How prudent are consumers? [J]. Journal of Political Economy, (11): 4 - 13.

[186] Easterly W, Rebelo S. 1993. Fiscal policy and economic growth: an empirical investigation[J]. Journal of Monetary Economics, (32): 417 - 458.

[187] EngenEM, Jonathan G. 2001. Unemployment Insurance and Precautionary Saving[J]. Journal of Monetary Economics 47(3): 545 - 579.

[188] Eric M, Yingyi Q, Chenggang X. 1997. Incentives, information, and organizational form[R]. Stanford University: Department of Economics.

[189] Estache A,Frannie H. 1994. Does decentralization improve efficiency in infrastructure? [R]. World Bank.

[190] Faguet J P. 2004. Does decentralization increase government responsiveness to local needs?: evidence from Bolivia[J]. Journal of Public Economics, (88):867 - 893.

[191] FatasA,Ilian M. 2001. Fiscal Policy and Business Cycles:AnEmpirical Investigation[J]. MonedayCredito(212):167 - 210.

[192] Fiorito R, Kollintzas T. 2004. Public goods,merit goods,and the relation between private and government consumption[J]. European Economic Review,(48):1367 - 1398.

[193] Fischel W A. 1975. Fiscal and environmental considerations in the location of firms in suburban communities[M]//Mills E, Oates W. Fiscal Zoning and Land Use Controls. Massachusetts: Lexington Books:119 - 174.

[194] Fisher W H,Keuschnigg C. 2002. Public policy for efficient education[J]. Metroeconomica, (53):361 - 390.

[195] Fisman R,Gatti R. 2000. Decentralization and corruption:evidence across countries[R]. World Bank.

[196] Fiva J. 2006. New Evidence on the effects of fiscal decentralization on the size and composition of government spending[J]. FinanzArchiv/Public Finance Analysis,(62):250 - 280.

[197] Flavin M A. 1981. The adjustment of consumption to changing expectations about future income[J]. Journal of Political Economy,(89):974 - 1009.

[198] Forni L,Monteforte L, Sessa L. 2007. The general equilibrium effects of fiscal policy:estimates for the Euro area[R]. Bank of Italy.

[199] Friedman M. 1957. A Theory of the Consumption Function[M]. New Jersey:Princeton University Press.

[200] Fuest C. 1995. Interjurisdictional competition and public expenditure: is tax co-ordination counterproductive? [J]. FinanzArchiv,(52):478 - 496.

[201] Fumio H. 1985. Tests for liquidity constraints: a critical survey[R]. NBER.

[202] Galí J, López-Salido J D, Vallés J. 2007. Understanding the effects of government spending on consumption[J]. Journal of the European Economic Association, (5):227 - 270.

[203] Gerhard G, Ravikumar B. 1999. Public versus private investment in human capital: endogenous growth and income inequality[J]. Journal of Political Economy, (100):818 - 835.

[204] Giavazz F, Pagano M. 1990. Can severe fiscal contractions be expansionary? Tales of two small European countries[R]. NBER.

[205] Girma S. 2005. Absorptive capacities and productivity spillovers from FDI: a threshold regression analysis[J]. Oxford Bulletin of Economics and Statistics, 67(3): 281 - 306.

[206] Glomm G, Ravikumar B. 1997. Productive government expenditures and long-run growth[J]. Journal of Economic Dynamics and Control, (21):183 - 204.

[207] Gordon M. 1990. Optimality, free mobility, and the regional authority in a federation[J]. Journal of Public Economics, (43):107 - 121.

[208] Gradstein M, Justman M. 1997. Democratic choice of an education system: implications for growth and income distribution[J]. Journal of Economic Growth, (3):169 - 183.

[209] Graham F C. 1993. Fiscal policy and aggregate demand: comment[J]. American Economic Review, (83):659 - 666.

[210] Griliches Z. 1979. Issues in assessing the contribution of research and development to productivity growth[J]. The Bell Journal of Economics, (10):92 - 116.

[211] Grossman G M, Helpman E. 1991. Innovation and Growth in the Global Economy[M]. Massachusetts: The MIT Press.

[212] Grossman G M, Helpman E. 1991. Quality ladders in the theory of growth [J]. Review of Economic Studies, (58):43 - 61.

[213] Grossman P J. 1990. Government and growth: cross-sectional evidence[J].

Public Choice,(63):217 - 227.

[214] Gugl E. 2003. Tax competition and the nature of business public services [R]. University of Victoria.

[215] Guiso L,Tullio J,Daniele T. 1992. Earnings uncertainty and precautionary saving[J]. Journal of Monetary Economics,(30): 307 - 337.

[216] Hansen B E. 1999. Threshold effects in non-dynamic panels: estimation, testing,and inference[J]. Journal of Econometrics,(93):345 - 368.

[217] Hauner D, Kyobe A. 2010. Determinants of government efficiency[R]. World Development.

[218] Hauner D. 2008. Explaining differences in public sector efficiency: evidence from Russia's regions[R]. World Development.

[219] Hayashi M, Boadway R. 2001. An empirical analysis of intergovernmental tax interaction: the case of business income taxes in Canada[J]. Canadian Journal of Economics,(34):481 - 503.

[220] Heine K. 2006. Interjurisdictional competition and the allocation of constitutional rights:a research note[J]. International Review of Law and Economics,(26):33 - 41.

[221] Hindriks J,Lockwood B. 2008. Decentralization and electoral accountability: incentives, separation and vote welfare[R].

[222] Hindriks J,Peralta S,Weber S. 2008. Competing in taxes and investment under fiscal equalization[J]. Journal of Public Economics, (92): 2392 - 2402.

[223] Holmstrom B, Paul M. 1991. Multi-task principal-agent analyses: linear contracts,asset ownership and job design[J]. Journal of Law,Economics and Organization,(7):24 - 52.

[224] Horioka C Y,Junmin W. 2007. The determinants of household saving in China:a dynamic panel analysis of provincial data[J]. Journal of Money, Credit,and Banking,(39):2077 - 2096.

[225] Hoyt W H. 1991. Property taxation, nash equilibrium, and market power [J]. Journal of Urban Economics,(30):123 - 131.

[226] Hsieh C-T, Klenow P J. 2009. Misallocation and manufacturing TFP in China and India[J]. Quarterly Journal of Economics,124(4):1403 - 1448.

[227] Hurd M D. 1989. Mortality risk and bequests[J]. Econometrica, (57): 779 - 813.

[228] Iimi A. 2005. Decentralization and economic growth revisited: an empirical note[J]. Journal of Urban Economics,(57):449 - 461.

[229] M. O. Odedokun. 1997. Relative effects of public versus private investment spending on economic efficiency and growth in developing countries[J]. Applied Economics, Taylor and Francis Journals, (29):1325 - 1336.

[230] Iwan B, Ben L. 2007. Decentralization and the productive efficiency of government: evidence from Swiss cantons[J]. Journal of Public Economics, (91):1197 - 1218.

[231] Jahangir A, Li C. 2007. Explaining China's low consumption: the neglected role of household income[R]. IMF.

[232] Jappelli T, Marco P. 1994. Saving growth and liquidity constraints[J]. The Quarterly Journal of Economics,(109):83 - 109.

[233] Javier A del G F, Jorge M-V, Robert M. 2005. Fiscal decentralization and the functional composition of public expenditures[R]. Andrew Young School of Policy Studies, Georgia State University: Working Paper.

[234] Jeffrey D S. 2003. Institutions don't rule: direct effects of geography on per capita income[R]. NBER.

[235] John M A, Francis K, David N. 1999. High wage workers and high wage firms[J]. Econometrica,(67):251 - 334.

[236] John Y C, Angus D. 1989. Is consumption too smooth? [R]. NBER.

[237] Judd K. 1985. Short-run analysis of fiscal policy in a simple perfect foresight model[J]. Journal of Political Economy,(93):298 - 319.

[238] Junsen Z, Yaohui Z, Albert P, et al. 2005. Economic returns to schooling in urban China, 1988 to 2001[J]. Journal of Comparative Economics, (33): 730 - 752.

[239] Karras G. 1994. Government spending and private consumption: some international evidence[J]. Journal of Money, Credit and Banking, (26): 9 - 22.

[240] Keen M, Marchand M. 1997. Fiscal competition and the pattern of public spending[J]. Journal of Public Economics, (66): 33 - 53.

[241] Keuschnigg C, Fisher W H. 2002. Public policy for efficient education[R]. University of St. Gallen: 1 - 33.

[242] Khan J A, Lim J S. 1998. Skill labor augmenting technical progress in US manufacturing[J]. Quarterly Journal of Economics, (CXIII): 1281 - 1308.

[243] Kim J, Wilson J D. 1997. Capital mobility and environmental standards: racing to the bottom with multiple tax instruments[J]. Japan and the World Economy, (9): 537 - 554.

[244] Kinoshita Y. 2005. R&D and technology spillovers through FDI: innovation and absorptive capacity[C]. CEPR Discussion Paper.

[245] Kotlikoff L J. 1988. Intergenerational transfers and savings[J]. Journal of Economic Perspectives, (2): 41 - 58.

[246] Krelove R. 1992. Efficient tax exporting[J]. Canadian Journal of Economics, (25): 145 - 155.

[247] Krueger A. 1993. How computers have changed the wage structure: evidence from microdata, 1984—1989[J]. The Quarterly Journal of Economics, (108): 33 - 60.

[248] Kuehlwein M. 1991. A test for the presence of precautionary saving[J]. Economics Letters, (37): 471 - 475.

[249] Kwan Y K. 2006. The direct substitution between government and private consumption in East Asia[R]. NBER.

[250] Leland H E. 1968. Saving and uncertainty: the precautionary demand for

saving[J]. The Quarterly Journal of Economics,(82):465 - 473.

[251] Levine R, Renelt D. 1992. A sensitivity analysis of cross-country growth regressions[J]. American Economic Review,(82):942 - 963.

[252] Li H B,Zhou L A. 2005. Political turnover and economic performance: the incentive role of personnel control in China[J]. Journal of Public Economics,(89):1743 - 1762.

[253] Linnemann L,Schabert A. 2003. Fiscal policy in the new neoclassical synthesis[J]. Journal of Money,Credit and Banking,(35):911 - 929.

[254] Lockwood B. 2002. Distributive politics and the costs of centralization[J]. Review of Economic Studies,(69):313 - 337.

[255] Lockwood B. 2005. Fiscal decentralization: a political economy perspective [R]. Warwick Economic Research Papers.

[256] Lockwood B. 2007. Voting, lobbying, and the decentralization theorem [R]. The Warwick Economics Research Paper Series.

[257] Lucas R. 1988. On the mechanics of endogenous growth[J]. Journal of Monetary Economics,(22):3 - 42.

[258] Lusardi A. 1998. On the importance of precautionary saving[J]. American Economic Review,(88):448 - 453.

[259] Lusardi A. 1997. Precautionary saving and subjective earnings variance[J]. Economic Letters, (57):319 - 326.

[260] Mansoorian A,Gordon M. 1997. On the consequences of government objectives for economies with mobile populations[J]. Journal of Public Economics,(63):265 - 281.

[261] Marcos C,Eswar P. 2010. Why are saving rates of urban households in China rising? [J]. American Economic Journal: Macroeconomics,(2):93 - 130.

[262] Mariger R P. 1986. Consumption Behavior and the Effects of Government Fiscal Policies[M]. Cambridge, MA: Harvard University Press.

[263] Mark K. 1997. Precautionary savings: a panel study[J]. The Review of Eco-

nomics and Statistics,(79):241 - 247.

[264] Matsumoto M. 1998. A note on tax competition and public input provision [J]. Regional Science and Urban Economics,(28):465 - 473.

[265] Mezzetti C. 1997. Common agency with horizontally differentiated principals[J]. Rand Journal of Economics,(28):325 - 345.

[266] Michael B, Norman G, Richard K. 2001. Testing the endogenous growth model: public expenditure, taxation, and growth over the long run[J]. Canadian Journal of Economics,(34):36 - 57.

[267] Michael G. 1972. The human capital model of the demand for health[R]. NBER.

[268] Miguel D R. 2009. Public capital formation and labor productivity growth in Argentina, 1960—2005[J]. Applied Econometrics and International Development,(9):1 - 29.

[269] Miles S K. 1990. Precautionary saving and the marginal propensity to consume[R]. NBER.

[270] Milesi F, Gian M, Roubini N. 1998. Growth effects of income and consumption taxes[J]. Journal of Money, Credit and Banking,(30):721 - 744.

[271] Miller B L. 1976. The effect on optimal consumption of increased uncertainty in labor income in the multiperiod case[J]. Journal of Economic Theory,(13):154 - 167.

[272] Miller S M, Russek F S. 1997. Fiscal structures and economic growth: international evidence[J]. Economic Inquiry,(35):603 - 613.

[273] Mincer J. 1974. Schooling, Experience and Earnings[M]. New York: Columbia University Press.

[274] Modigliani F, Brumberg R. 1954. Utility analysis and the consumption function: an interpretation of the cross-section data[M]//Kenneth K K. Post-Keynesian Economics. New Brunswick, NJ: Rutgers University Press: 388 - 436.

[275] Morales M F. 2001. Research policy and endogenous growth[R]. Universitat Autonomade Barcelona and Universitat de Murcia.

[276] Murmell A. 1990. How does public infrastructure affect regional economic performance? [J]. New England Economic Review, (9): 11 - 32.

[277] Musgrave R A. 1959. The Theory of Public Finance[M]. New York: McGraw-Hill.

[278] Nadiri M I, Mamuneas T P. 1994. The effects of public infrastructure and R&D capital on the cost structure and performance of US manufacturing industries[J]. The Review of Economics and Statistics, (76): 22 - 37.

[279] Neher P A. 1971. Peasants, procreation, and pensions[J]. American Economic Review, (61): 380 - 389.

[280] Nelson R, Phelps E. 1966. Investment in humans, technological diffusion, and economic growth[J]. American Economic Review, (56): 69 - 75.

[281] Noiset L, Oakland W. 1995. The taxation of mobile capital by central cities [J]. Journal of Public Economics, (57): 297 - 316.

[282] Oates W E. 2004. Fiscal structure in the federal system[R]//John R B, Bartley W H, Justin M. Management Policies in Local Government Finance. Intl City County Mangemet Assn: 39 - 60.

[283] Oates W. 1972. Fiscal Federalism[M]. New York: Harcourt-Brace.

[284] Oi J. 1992. Fiscal reform and the economic foundations of local state corporatism in China[J]. World Polit, (45): 99 - 126.

[285] Okubo M. 2003. Intratemporal substitution between private and government consumption: the case of Japan[J]. Economics Letters, (79): 75 - 81.

[286] Olivier B, Andrei S. 2000. Federalism with and without political centralization: China versus Russia[R]. NBER Working Paper.

[287] Olivier B, Roberto P. 2002. An empirical characterization of the dynamic effects of changes in government spending and taxes on output[J]. Quarterly Journal of Economics, (117): 1329 - 1368.

[288] Olsen T E, Osmundsen P. 2001. Strategic tax competition; implications of national ownership[J]. Journal of Public Economics, (81): 253 - 277.

[289] Osmundsen P, Hagen K P, Schjelderup G. 1998. International mobile firms and tax policy[J]. Journal of International Economics, (45): 97 - 113.

[290] Perez T. 1997. Multinational enterprises and technological spillovers: an evolutionary model[J]. Journal of Evolutionary Economics, (7): 169 - 192.

[291] PerottiR. 2004. Estimating the Effects of Fiscal Policy in OECD Countries [R]. IGIER (Innocenzo Gasparini Institute for Economic Research), Bocconi University.

[292] Raj M D, Lev M F, Itzhak G. 2003. Fiscal federalism and regional growth: evidence from the Russian Federation in the 1990s[R]. The World Bank Policy Research Working Paper Series.

[293] Rauscher M. 2006. Interjurisdictional competition and innovation in the public sector[R]. University of Rostock.

[294] Richard K, Michael F B, Norman G. 1999. Fiscal policy and growth: evidence from OECD countries[J]. Journal of Public Economics, (74): 171 - 190.

[295] Robert A A, Tony S W. 1998. Government expenditures and the permanent-income model[J]. Review of Economic Dynamics, (1): 719 - 730.

[296] Robert E H. 1978. Stochastic implications of the life cycle-permanent income hypothesis: theory and evidence[J]. Journal of Political Economy, (86): 971 - 987.

[297] Robert K, Zhi W, Shang-Jin W. 2008. How much of Chinese export is really made in China? Assessing domestic value-added when processing trade is pervasive[R]. NBER.

[298] Romer P. 1986. Increasing returns and long-run growth[J]. Journal of Political Economy, (94): 1002 - 1037.

[299] Samuelson P A. 1958. An exact consumption—loan model of interest with or without the social contrivance of money[J]. Journal of Political Econo-

my,(66):467-482.

[300] Samuelson P A. 1955. Diagrammatic exposition of a theory of public expenditure[J]. Review of Economics and Statistics,(37):350-356.

[301] Samuelson P A. 1954. The pure theory of public expenditure[J]. Review of Economics and Statistics,(36):387-389.

[302] Seabright P. 1996. Accountability and decentralisation in government: an incomplete contracts model[J]. European Economic Review,(40):61-89.

[303] Shea J. 1995. Union contracts and the life cycle permanent income hypothesis[J]. American Economic Review(19): 186-200.

[304] Sibley D S. 1975. Permanent and transitory effects of optimal consumption with wage income uncertainty[J]. Journal of Economic Theory,(11):68-82.

[305] Sinn H-W. 1974. The selection principle and market failure in systems competition[J]. Journal of Public Economics,(66):247-274.

[306] Skinner J. 1985. Variable lifespan and the intertemporal elasticiy of consumption[J]. Review of Economics and Statistical,(67):616-623.

[307] Skinner J. 1988. Risky income, life cycle consumption, and precautionary saving[J]. Journal of Monetary Economics,(22):237-255.

[308] Smets F, Wouters R. 2003. An estimated stochastic dynamic general equilibrium model of the Euro area[J]. Journal of the European Economic Association,(1):1123-1175.

[309] Solow R M. 1956. A contribution to the theory of economic growth[J]. Quarterly Journal of Economics,(70):65-94.

[310] Stansel D. 2005. Local decentralization and economic growth: a cross-sectional examination of US metropolitan areas[J]. Journal of Urban Economics,(57): 55-72.

[311] Starr-McCluer M. 1996. Health insurance and precautionary saving[J]. American Economic Review,(86):285-295.

[312] Sturgeon T. 2002. Modular production networks: a new American model of in-

dustrial organization[J]. Industrial and Corporate Change,(11):451 - 496.

[313] Swan T W. 1956. Economic growth and capital accumulation[J]. Economic Record,(32):334 - 361.

[314] Tanzi V, Howell H Z. 1997. Fiscal policy and long-run growth[R]. IMF Staff Papers, (2):179 - 209.

[315] Thornton J. 2007. Fiscal decentralization and economic growth reconsidered [J]. Journal of Urban Economics,(61):64 - 70.

[316] Tiebout C M. 1956. A pure theory of local expenditures[J]. The Journal of Political Economy,(64):416 - 424.

[317] Todo Y. 2006. Knowledge spillovers from foreign direct investment in R&D: evidence from Japanese firm-level data[J]. Journal of Asian Economics,17(6):996 - 1013.

[318] Torvik R. 2001. Learning by doing and the dutch disease[J]. European Economic Review,(45):285 - 306.

[319] Treisman D. 2000. Decentralization and the quality of government[R]. Unpublished paper.

[320] Tsung-wu H. 2001. The government spending and private consumption: a panel integration analysis[J]. International Review of Economics and Finance,(10):195 - 108.

[321] Turnovsky S. 2000. Fiscal policy elastic labor supply, and endogenous growth[J]. Journal of Monetary Economics,(45):185 - 210.

[322] Uchimura H, Jutting J. 2007. Fiscal decentralization, Chinese style: good for health outcomes? [R]. IDE Discussion Papers.

[323] Wellisch, Dietmar. 1996. Decentralized fiscal policy with high mobility reconsidered: reasons for inefficiency and an optimal intervention scheme[J]. European Journal of Political Economy,(12):91 - 111.

[324] West K. 1988. The insensitivity of consumption to news about income[J]. Journal of Monetary Economics,(21):17 - 34.

[325] West L A, Christine P W W. 1995. Fiscal decentralization and growing regional disparities in rural China: some evidence in the provision of social services[J]. Oxford Review of Economic Policy, (11):70 - 84.

[326] Wildasin D E. 1991. Income redistribution in a common labor market[J]. American Economic Review,(81):757 - 774.

[327] Wildasin D E. 1989. Interjurisdictional capital mobility: fiscal externality and a corrective subsidy[J]. Journal of Urban Economics,(25):193 - 212.

[328] Wildasin D E. 1988. Nash equilibria in models of fiscal competition[J]. Journal of Public Economics,(35):393 - 421.

[329] Wilson B K. 2003. The strength of the precautionary saving motive when prudence is heterogeneous[R]. Enrolled Paper of 37th Annual Meeting of the Canadian Economics Association.

[330] Wilson J D. 1986. A theory of interregional tax competition[J]. Journal of Urban Economics,(19):296 - 315.

[331] Woller G M, Phillips K. 1998. Fiscal decentralization and LDC economic growth: an empirical investigation[J]. Journal of Development Studies, (34):1139 - 1481.

[332] Woo J. 2009. Productivity growth and technological diffusion through foreign direct investment[J]. Economic Inquiry,47(2):226 - 248.

[333] Wrede M. 1997. Tax competition and federalism: the underprovision of local public goods[J]. FinanzArchiv,(54):494 - 515.

[334] Xiaobo Z. 2006. Fiscal decentralization and political centralization in China: implications for growth and inequality[J]. Journal of Comparative Economics,(34):713 - 726.

[335] Xie D, Zou H, Davoodi H. 1999. Fiscal decentralization and economic growth in the United States[J]. Journal of Urban Economics,(45):1228 - 2391.

[336] Yaari M E. 1965. Uncertain lifetime, life insurance and the theory of the

consumer[J]. The Review of Economic Studies,(32):137 - 150.

[337] Yan W, Yudong Y. 2003. Sources of China's economic growth 1952—1999:incorporating human capital accumulation[J]. China Economic Review,(14):32 - 52.

[338] Yang,Dali L. 1997. Beyond Beijing: liberalization and the regions in China [R]. London and New York:Routledge.

[339] Yingyi Q, Barry R W. 1997. Federalism as a commitment to preserving market incentives[J]. Journal of Economic Perspectives,(11): 83 - 92.

[340] Yingyi Q, Gerard R. 1998. Federalism and the soft budget constraint[J]. American Economic Review,88(5):1143 - 1162.

[341] Yingyi Q. 1999. The institutional foundations of China's market transition [A]. Annual Bank Conference on Development Economics.

[342] Young A. 2000. The razor's edge:distortions and incremental reform in the People's Republic of China[J]. Quarterly Journal of Economics,(CXV): 1091 - 1135.

[343] Yu Q, Tsui K. 2005. Factor decomposition of sub-provincial fiscal disparities in China[J]. China Economic Review,(16):403 - 418.

[344] Zeldes S P. 1989a. Optimal consumption with stochastic in-come: deviations from certainty equivalence[J]. Quarterly Journal of Economics,(104):275 - 298.

[345] Zeldes S. 1989b. Consumption and liquidity constraints: an empirical investigation[J]. Journal of Political Economy,(97):305 - 346.

[346] Zhuravskaya E. 2000. Incentives to provide local public goods:fiscal federalism Russian style[J]. Journal of Public Economics,(76):337 - 368.

[347] Zodrow G R,Mieszkowski P. 1986. Pigou, Tiebout, property taxation and the underprovision of local public goods[J]. Journal of Urban Economics,(19):356 - 370.